北京市国民经济主要指标
MAIN NATIONAL ECONOMIC INDICATORS OF BEIJING

人口
Population

年末全市常住人口2 173万人
Permanent Population (year-end)
21.73 million

年末户籍人口1 363万人
Registered Population (year-end)
13.63 million

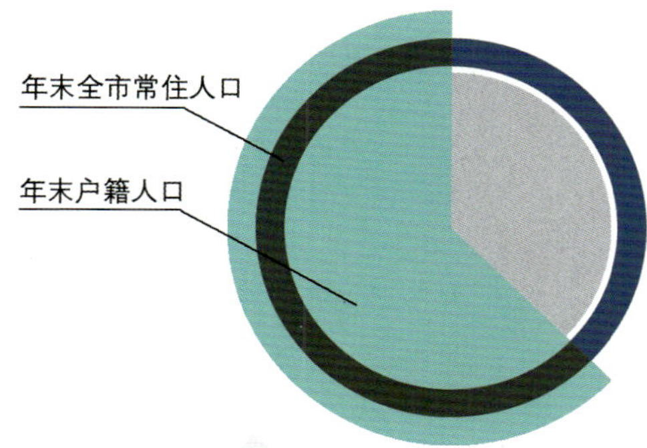

国民经济核算
National Accounts

地区生产总值25 669亿元
Gross Domestic Product 2 566.9 billion yuan

第一产业130亿元
Primary Industry 13.0 billion yuan

第二产业4 944亿元
Secondary Industry 494.4 billion yuan

第三产业20 595亿元
Tertiary Industry 2 059.5 billion yuan

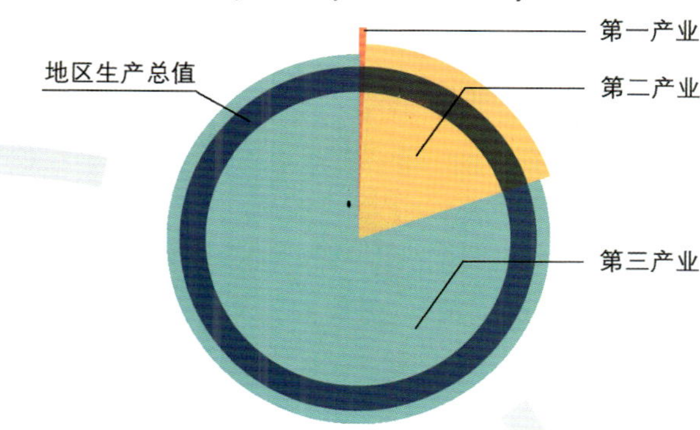

财政
Government Finance

一般公共预算收入
5 081亿元
Local Public Budgetary Revenue 508.1 billion yuan

一般公共预算支出
6 407亿元
Local Public Budgetary Expenditures 640.7 billion yuan

价格指数（上年=100）
Price Index (Preceding Year = 100)

居民消费价格指数
Consumer Price Index
101.4%

商品零售价格指数
Retail Price Index
98.1%

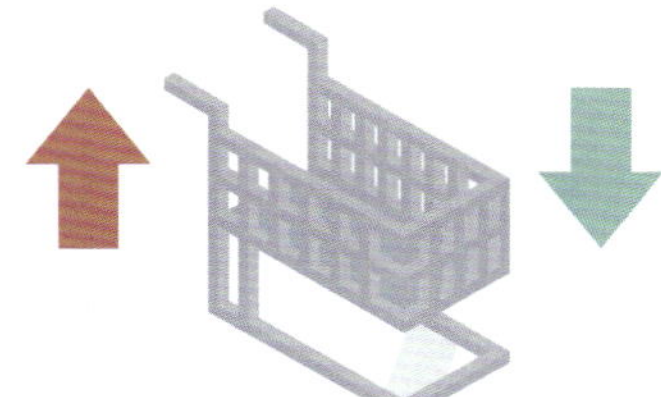

能源消费总量
Total Energy Consumption

6 962万吨标准煤
69.62 million tons of SCE

全社会固定资产投资
Total Investment in Fixed Assets

8 462亿元
846.2 billion yuan

交通基础设施
Transport Infrastructure

公路里程22 026公里
Length of Highway 22 026 kms

公路网密度134.22公里/百平方公里
Highway Density 134.22km/100 sq. km

公路等级客运场站个数166个
Number of Highway Grade Passenger Stations 166

公路货运场站个数11个
Number of Highway Freight stations 11

公路桥梁578 917/6 485米/座
Highway Bridges 578 917 / 6 485 m/unit

公路隧道66 905/123米/处
Highway Tunnels 66 905/ 123 m/unit

城市道路里程6 373公里
Length of Urban Roads 6 373 kms

城市桥梁座数2 088座
Number of Urban Bridges 2 088

城市立交桥系个数431个
Number of Urban Overpasses 431

郊区县城桥梁座数186座
Number of Suburban Bridges 186

郊区县城立交桥系个数11个
Number of Suburban Overpasses 11

公路运输
Highway Transportation

载客汽车69 850辆
Passenger Vehicles 69 850

客运量48 040万人次
Passenger Traffic 480.40 million person-times

旅客周转量1 176 740万人公里
Passenger Turnover 11 767.40 million person-kms

载货汽车181 098辆
Freight Vehicles 181 098

货运量19 972万吨
Freight Traffic 199.72 million tons

货物周转量1 613 192万吨公里
Freight Turnover 16 131.92 million ton-kms

省际客运
Inter-provincial Passenger Transportation

运营车辆937辆
Operating Vehicles 937

运营线路条数777条
Number of Operating Routes 777

运营线路长度419 580公里
Length of Operating Routes 419 580 kms

客运量（客运站）1 994万人次
Passenger Traffic (Passenger Station) 19.94 million person-times

旅客周转量（客运站）686 085万人公里
Passenger Turnover (Passenger Station) 6 860.85 million person-kms

旅游客运
Tourist Passenger Transportation

运营车辆6 650辆
Operating Vehicles 6 650

旅客周转量418 526万人公里
Passenger Turnover 4 185.26 million person-kms

客运量4 909万人次
Passenger Traffic 49.40 million person-times

郊区道路客运
Passenger Transportation of Suburban Roads

运营车辆3 963辆
Operating Vehicles 3 963

运营线路条数410条
Number of Operating Routes 410

运营线路长度15 496公里
Length of Operating Routes 15 496 kms

客运量42 572万人次
Passenger Traffic 425.72 million person-times

旅客周转量520 797万人公里
Passenger Turnover 5 207.97 million person-kms

城市客运
Urban Passenger Transportation

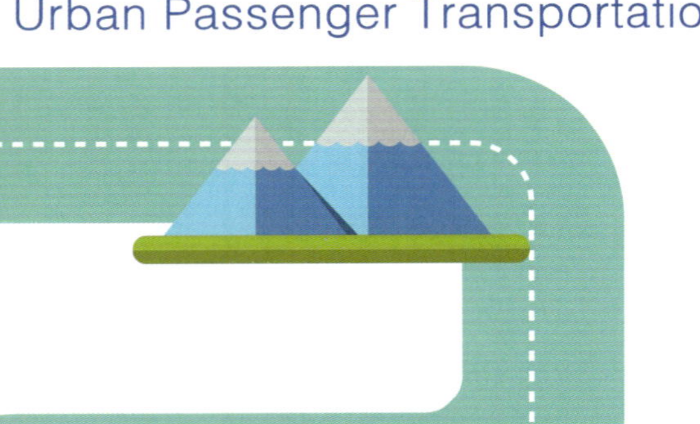

轨道交通
Rail Transit

运营车辆5 204辆
Operating Vehicles 5 204

运营线路条数19条
Number of Operating Routes 19

运营线路长度574公里
Length of Operating Routes 574 kms

客运量365 934万人次
Passenger Traffic 3 659.34 million person-times

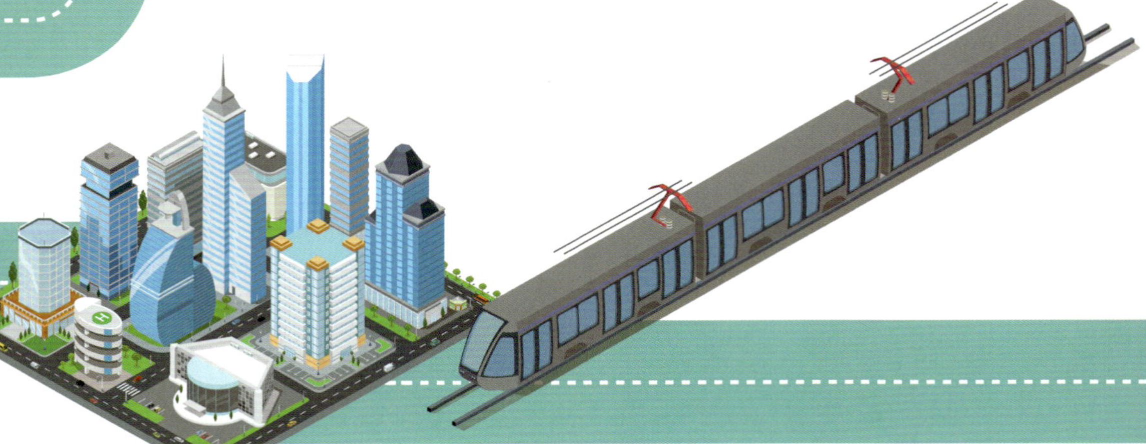

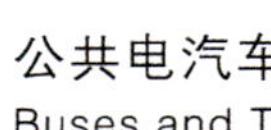

公共电汽车
Buses and Trolley Buses

运营车辆22 688辆
Operating Vehicles 22 688

运营线路条数876条
Number of Operating Routes 876

运营线路长度19 818公里
Length of Operating Routes 19 818 kms

公交专用道长度851公里
Length of Bus Lane 851 km

客运量369 019万人次
Passenger Traffic 3 690.19 million person-times

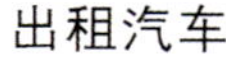

出租汽车
Taxi

运营车辆68 484辆
Operating Vehicles 68 484

客运量47 665万人次
Passenger Traffic 476.65 million person-times

城市道路里程构成图
Component of Urban Road Mileage

城市道路 Urban Road	里程（公里） Mileage（km）
快速路 Rapid Road	390
主干路 Trunk Road	970
次干路 Secondary Trunk Road	636
支路及以下 Branch Road and Below	4 377

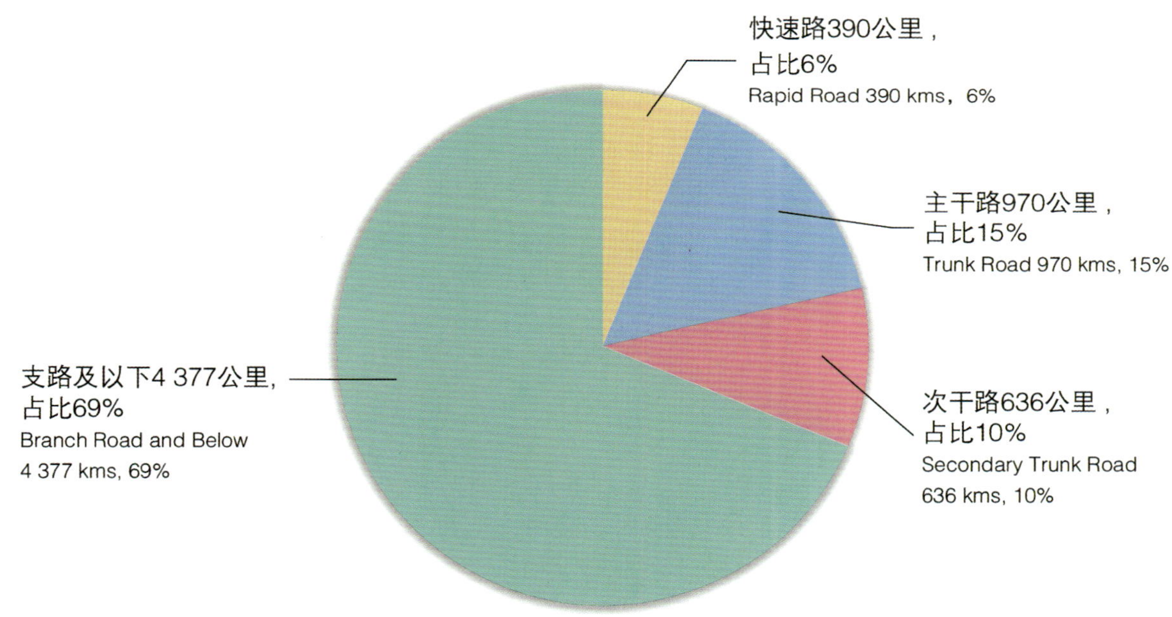

2016年北京市公路里程构成图（按行政等级\技术等级分）

BEIJING HIGHWAY MILEAGE STRUCTURE CHART(2016)(BY ADMINISTRATIVE LEVEL\BY TECHNICAL GRADE)

按行政等级分
By Administrative Level

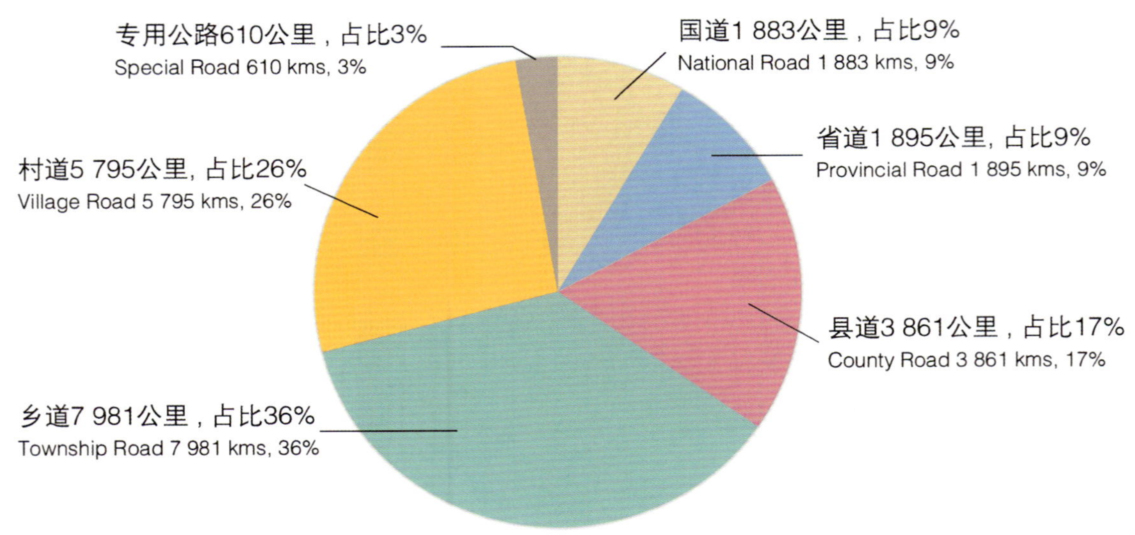

按技术等级分
By Technical Grade

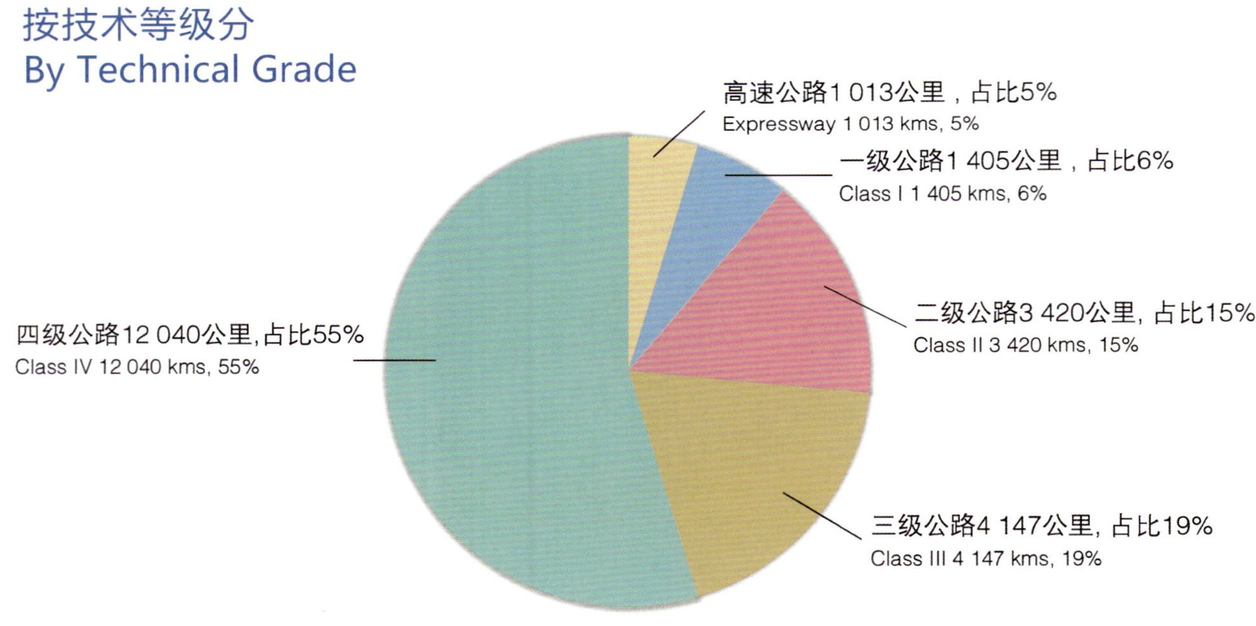

历年北京市公路里程表
LENGTH OF BEIJING HIGHWAY OVER THE YEARS

年度 Year	里程（公里） Mileage（km）
2006	20 503
2007	20 754
2008	20 340
2009	20 755
2010	21 113
2011	21 347
2012	21 492
2013	21 673
2014	21 849
2015	21 885
2016	22 026

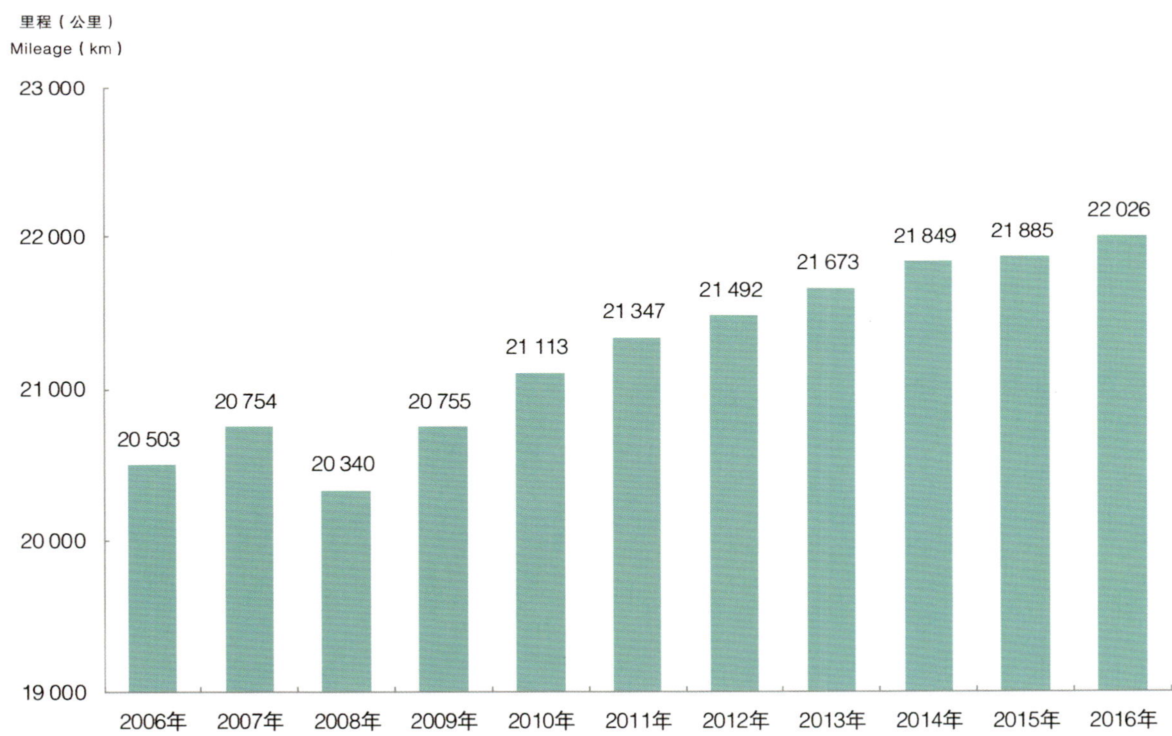

年度 Year	里程（公里） Mileage（km）
2006	625
2007	628
2008	777
2009	884
2010	903
2011	912
2012	923
2013	923
2014	982
2015	982
2016	1 013

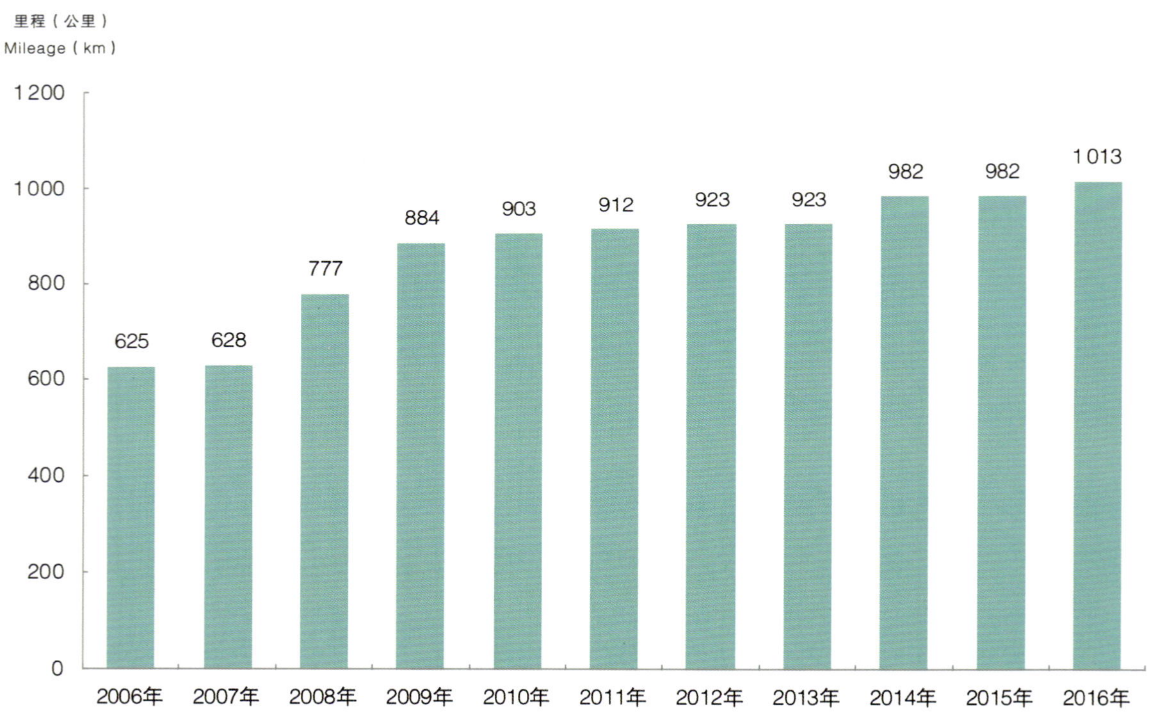

历年北京市城市道路里程
LENGTH OF BEIJING URBAN ROAD OVER THE YEARS

年度 Year	里程（公里） Mileage（km）
2010	6 235
2011	6 258
2012	6 271
2013	6 295
2014	6 426
2015	6 423
2016	6 373

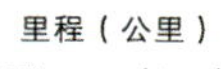

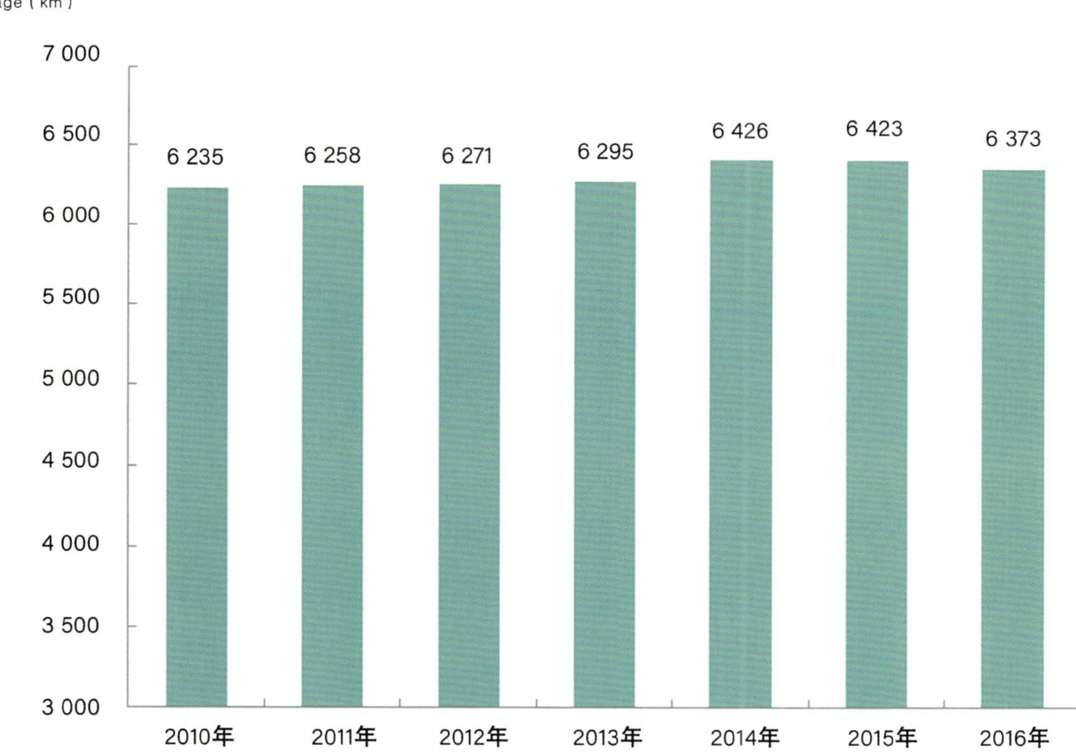

年度 Year	里程（公里） Mileage（km）
2010	336
2011	372
2012	442
2013	465
2014	527
2015	554
2016	574

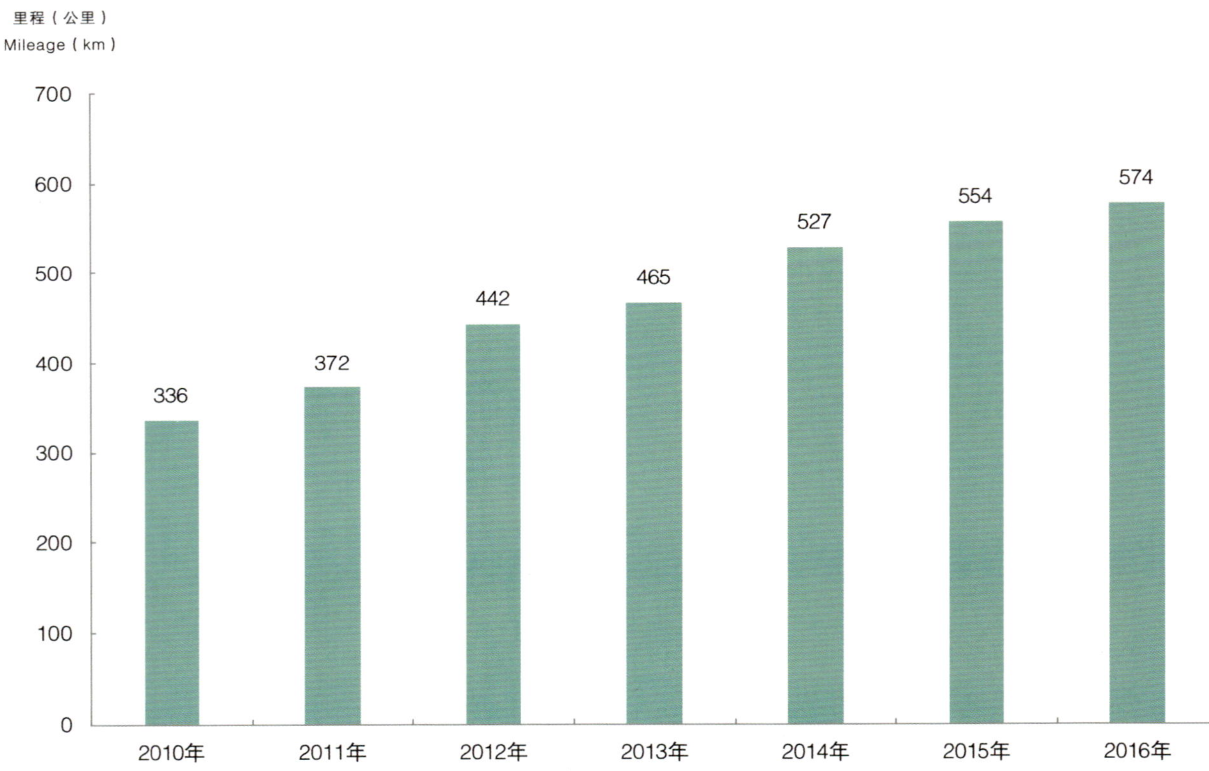

年度 Year	公路客运量（万人次） Highway Passenger Transportation Volume of Beijing over the Years（10 thousand person-times）
2013	52 481
2014	52 354
2015	49 931
2016	48 040

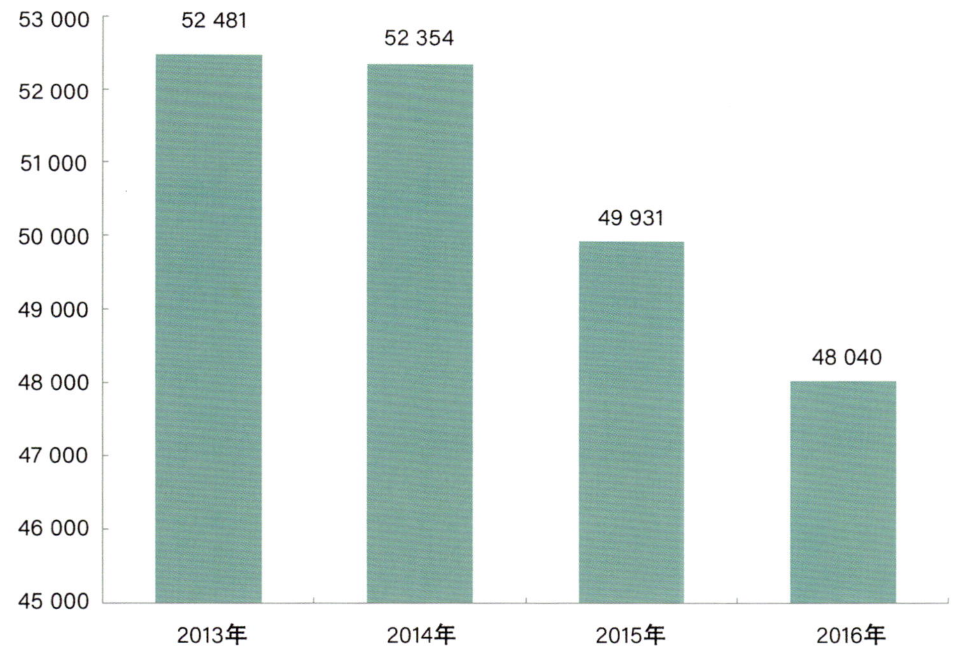

年度 Year	省际客运站客运量（万人次） Inter-Provincial Passenger Station Traffic （10 thousand person-times）
2006	2 386
2007	2 571
2008	2 530
2009	2 496
2010	2 535
2011	2 742
2012	2 734
2013	2 674
2014	2 669
2015	2 361
2016	1 994

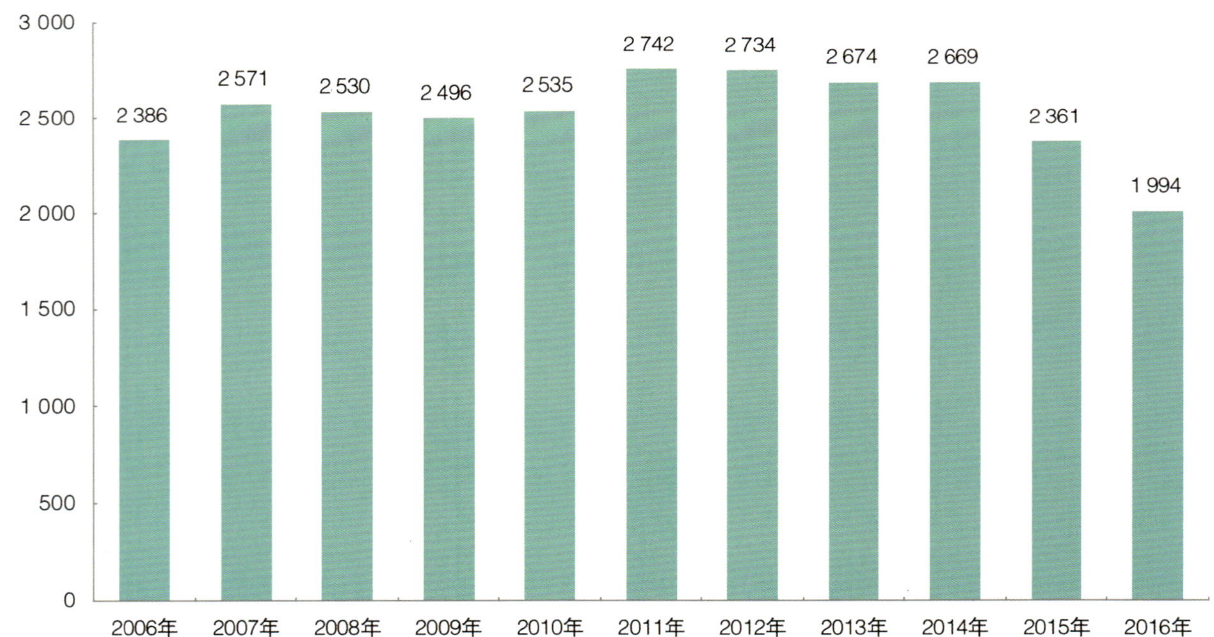

年度 Year	公共交通客运量（亿人次） Public Transport Passenger Traffic （100 million person-times）
2006	46.8
2007	48.8
2008	59.3
2009	65.9
2010	69.0
2011	72.3
2012	76.2
2013	80.5
2014	81.6
2015	73.8
2016	73.5

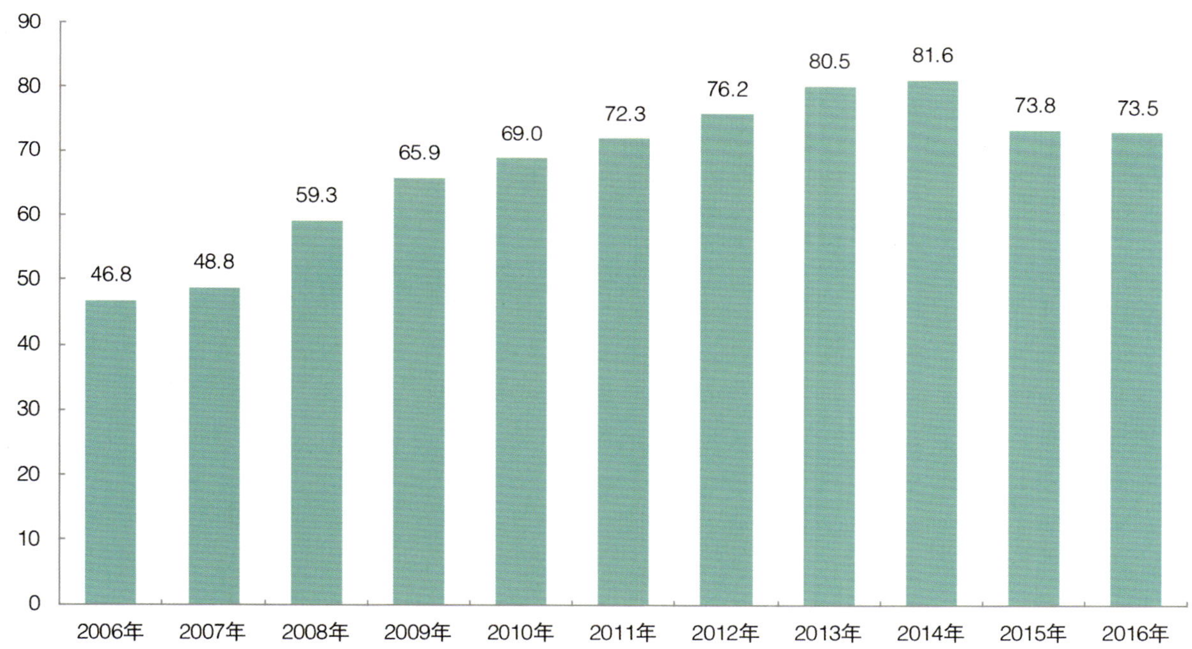

年度 Year	公共电汽车（亿人次） Buses and Trolley Buses Passenger Traffic （100 million person-times）
2006	39.8
2007	42.3
2008	47.1
2009	51.7
2010	50.5
2011	50.3
2012	51.5
2013	48.4
2014	47.7
2015	40.6
2016	36.9

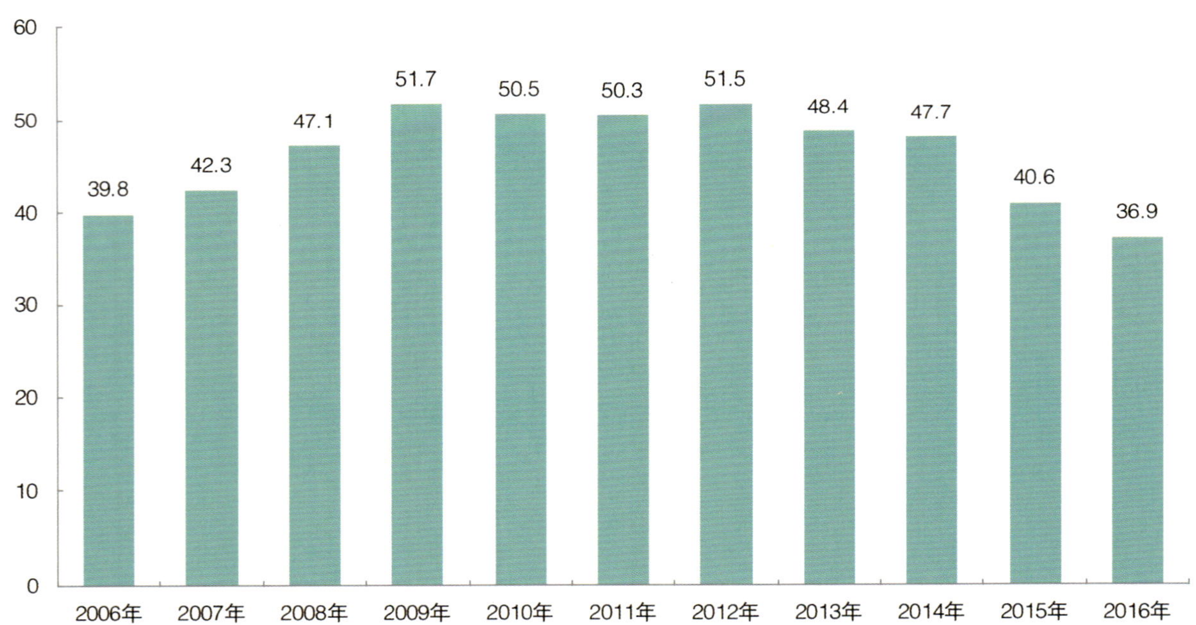

年度 Year	轨道交通（亿人次） Rail Transit Passenger Traffic （100 million person-times）
2006	7.0
2007	6.5
2008	12.2
2009	14.2
2010	18.5
2011	21.9
2012	24.6
2013	32.0
2014	33.9
2015	33.2
2016	36.6

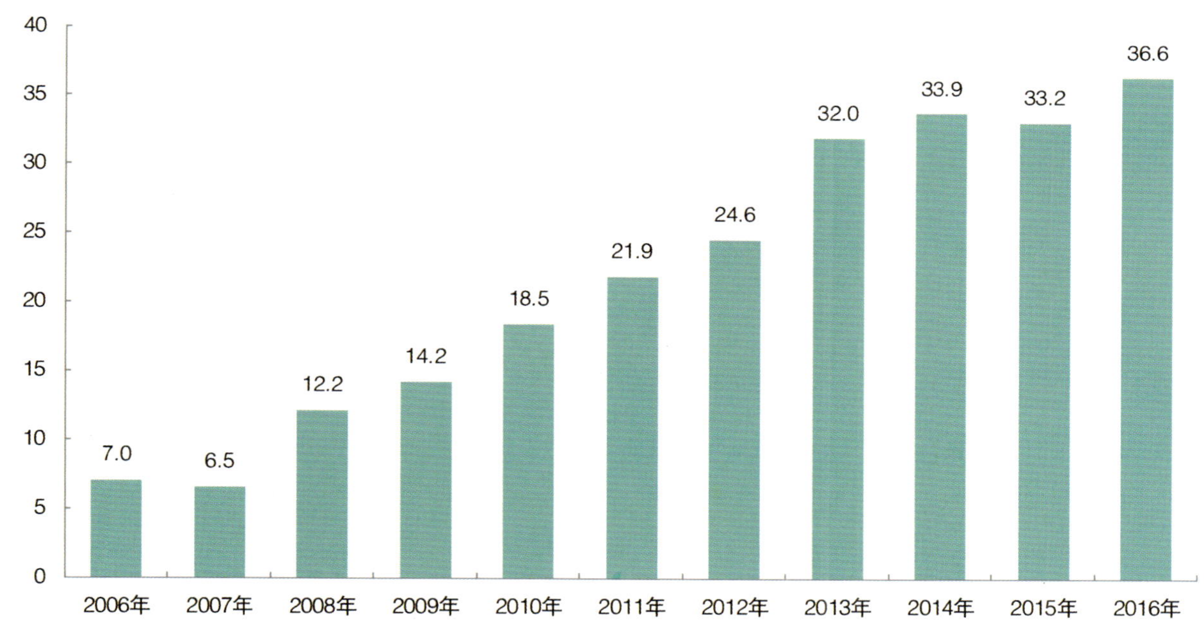

2016年北京市中心城交通出行方式构成图
COMPONENT OF TRANSPORT MODES IN CENTRAL AREA OF BEIJING (2016)

出行方式 Transport Modes	2016年
公共电汽车 Buses and Trolley Buses	15.6%
轨道交通 Rail Transit	15.3%
自行车 Bicycle	10.3%
步行 Walk	29.8%
小汽车 Car	24.5%
出租汽车 Taxi	3.4%
其他 Others	1.1%

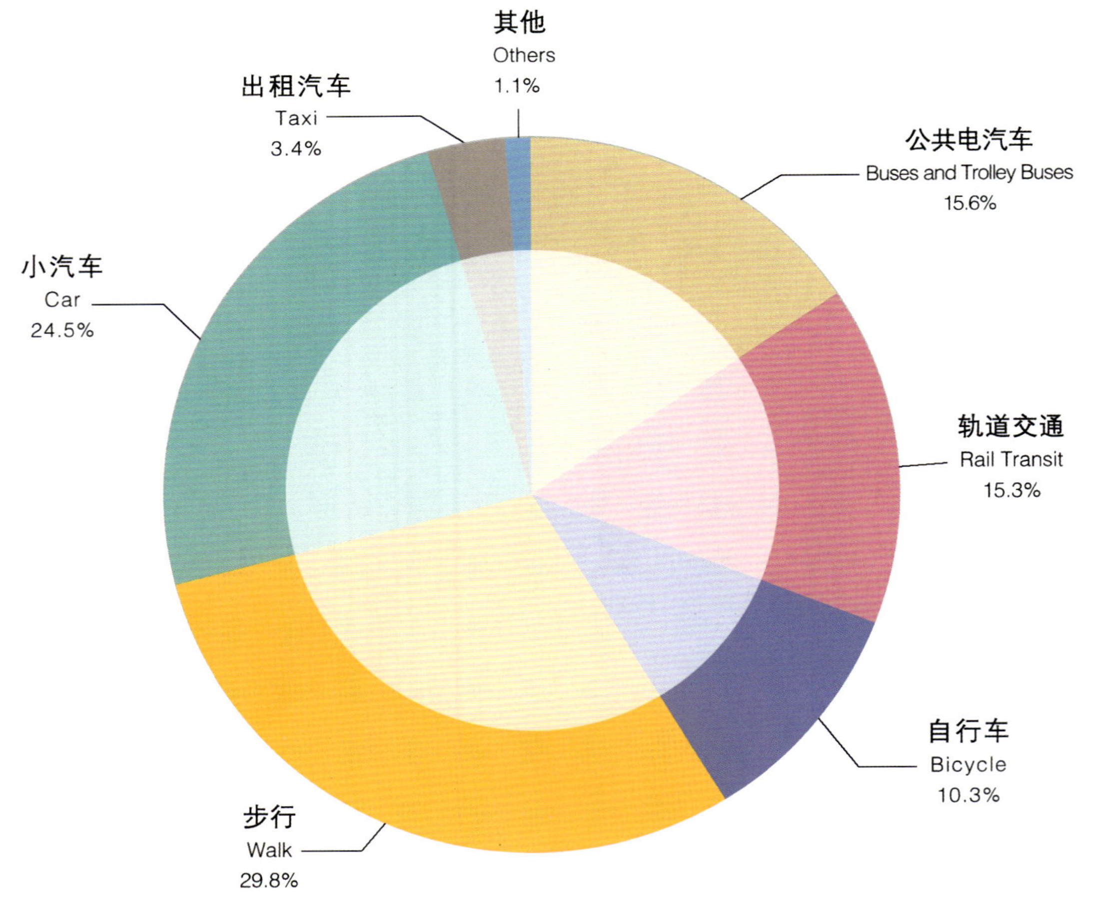

BEIJING TRANSPORTATION STATISTICAL YEARBOOK

北京市交通委员会 编
Beijing Municipal Committee of Transport

人民交通出版社股份有限公司
北 京

图书在版编目（CIP）数据

2016北京交通统计年鉴 / 北京市交通委员会编.
—北京：人民交通出版社股份有限公司，2020.9
ISBN 978-7-114-16534-4

Ⅰ. ①2… Ⅱ. ①北… Ⅲ. ①交通运输业—统计资料
—北京—2017—年鉴 Ⅳ. ①F512.71-54

中国版本图书馆CIP数据核字（2020）第076504号

2016 BEIJING JIAOTONG TONGJI NIANJIAN
书　　名：**2016 北京交通统计年鉴**
著 作 者：北京市交通委员会
责任编辑：陈　鹏
责任校对：赵媛媛
责任印制：刘高彤
出版发行：人民交通出版社股份有限公司
地　　址：（100011）北京市朝阳区安定门外外馆斜街 3 号
网　　址：http://www.ccpcl.com.cn
销售电话：（010）59757973
总 经 销：人民交通出版社股份有限公司发行部
经　　销：各地新华书店
印　　刷：北京印匠彩色印刷有限公司
开　　本：889 × 1194　1/16
印　　张：8.25
字　　数：352 千
版　　次：2020 年 9 月　第 1 版
印　　次：2020 年 9 月　第 1 次印刷
书　　号：ISBN 978-7-114-16534-4
定　　价：200.00 元

《2016 北京交通统计年鉴》

编　委　会

编辑工作人员

总　　编　　辑：孙中阁

编辑部主任：高增华

编辑部副主任：许国华

主　编　人　员：万　颖　徐婧芸　宫秀青　徐瑞光　赵倩阳

编　辑　人　员（按姓氏笔画排序）：

王　哲　王　薇　王晓磊　王望雄　王靖静　王澜润
石建南　白秀龙　成　浩　乔学礼　刘　宇　刘　远
刘　睿　刘宇环　刘明霞　刘　晨　刘滢锴　孙志国
曲孝利　纪　红　李　康　李　静　李　帅　李　扬
李　芳　李艳霞　李　颖　杨　雪　杨子帆　杨林立
吴志才　吴　颖　佟　乐　沈兴华　宋晓丽　张　寅
张　晹　武锦坤　林　青　周华铮　周瑜芳　郑晓彬
郑爱清　单　颖　缐云飞　赵永振　赵　峰　郝庆玲
侯晓鹏　姜绍武　耿文康　高宏宇　高　蕾　黄　晨
黄　蓉　曹树辉　隋丽娜　董升伟　蔡苗青　樊会晓
隰文博

编 者 说 明

一、为全面反映北京市交通行业发展状况，方便社会各界了解北京市交通建设与发展现状，北京市交通委员会组织编辑了本资料，供广大读者作为资料性书籍使用。

二、本资料收录了 2016 年北京市交通运输主要统计指标数据，正文内容具体包括交通运输主要指标、公路、城市道路、旅客运输、货物运输、路网运行、附录共七篇。每篇由简要说明、统计表和主要指标解释组成。简要说明在每章节首页，简要概述本部分的主要内容、资料来源、统计范围等。统计表是各章节的核心内容。主要指标解释在每篇末尾，主要对本篇涉及的主要指标及其计算方法做出简要解释和说明。

三、本资料的统计数据主要由北京市交通委员会统计汇编形成。

四、本资料中，部分数据的合计数和相对数由于小数位取舍不同而产生的计算误差未做调整。

五、本资料的符号使用说明：

“-”表示该项数据为零，或没有该项数据，或该项数据不详。

北京市交通委员会

二零一七年六月

NOTES FROM EDITORS

Ⅰ. In order to fully reflect the development of Beijing transportation industry, and to facilitate all circles to understand the current situation of transportation construction and development of Beijing, the Beijing Municipal Commission of Transport organized and edited this Yearbook as a reference book for readers.

Ⅱ. This Yearbook contains the main statistical indicator data of Beijing transportation in 2016. The main contents include seven chapters, i.e. Main Transportation Indicators, Highway, Urban Road, Passenger Transportation, Freight Transportation, Road Network and Appendix. Each chapter is composed of the Brief Introduction, Statistical Tables and Explanatory Notes to Main Indicators. The first page of each chapter is Brief Introduction, an overview of the main content, source of data, statistical scope of each chapter. Statistical Tables are the core content of each chapter. The last page of each chapter is Explanatory Notes to Main Indicators, mainly giving a brief explanation and introduction to the main indicators and calculation methods involved in this chapter.

Ⅲ. The statistical data in this Yearbook is mainly collected and compiled by the Beijing Municipal Commission of Transport.

Ⅳ. In this Yearbook, calculation error of the total and relative numbers of some data due to different decimal choice has not undergone adjustment.

Ⅴ. Symbol instructions of this Yearbook :

"–" means that the figure is zero, unavailable, or unknow.

Beijing Municipal Committee of Transport

2017.6

目 录
CONTENTS

一、交通运输主要指标 MAIN TRANSPORTATION INDICATORS

二、公路 HIGHWAY

三、城市道路 URBAN ROAD

四、旅客运输 PASSENGER TRANSPORTATION

五、货物运输 FREIGHT TRANSPORTATION

六、路网运行 ROAD NETWORK

七、附录 APPENDIX

一、交通运输主要指标
MAIN TRANSPORTATION INDICATORS

简 要 说 明
Brief Introduction

本篇资料反映北京市国民经济和交通运输的主要指标。

国民经济主要指标包括：人口、地区生产总值、财政收入支出、固定资产投资、能源消费等，来源于《北京市统计年鉴》。

交通运输主要指标包括：交通基础设施投资、公路运输、城市客运、机动车保有量、路网运行等。

Statistics in this chapter include main indicators of national economic and transportation of Beijing.

National economic indicators include population, Gross Domestic Product, government finance, investment in fixed assets, energy consumption and so on, mainly from *Beijing Statistical Yearbook*.

Transport indicators include investment in transportation infrastructure, highway transport, urban passenger transport, Number of Motor Vehicles, road network and so on.

1-1 国民经济主要指标
Main National Economy Indicators of Beijing

指标	Indicator	计量单位	Unit	数量 Number
人口	**Population**	–	–	–
年末常住人口	Permanent Population (year–end)	万人	10 000 persons	2 172.9
年末户籍人口	Registered Population (year–end)	万人	10 000 persons	1 362.9
国民经济核算	**National Accounts**	–	–	–
地区生产总值（GDP）	Gross Domestic Product	亿元	100 million yuan	25 669.1
第一产业	Primary industry	亿元	100 million yuan	129.8
第二产业	Secondary industry	亿元	100 million yuan	4 944.4
第三产业	Tertiary industry	亿元	100 million yuan	20 594.9
财政	**Government Finance**	–	–	–
一般公共预算收入	Local Public Budgetary Revenue	亿元	100 million yuan	5 081.3
一般公共预算支出	Local Public Budgetary Expenditures	亿元	100 million yuan	6 406.8
固定资产投资	**Investment in Fixed Assets**	–	–	–
全社会固定资产投资	Total Investment in Fixed Assets	亿元	100 million yuan	8 461.7
其中：交通领域	of which: Transportation Investment	亿元	100 million yuan	987.9
价格指数（2015 年 =100）	**Price Index (Preceding Year = 100)**	–	–	–
居民消费价格指数	Consumer Price Index	%	%	101.4
商品零售价格指数	Retail Price Index	%	%	98.1
能源消费总量	**Total Energy Consumption**	**万吨标准煤**	**10 000 tons of SCE**	**6 961.7**

1-2 交通运输主要指标
Main Transportation Indicators

指标	Indicator	计量单位	Unit	数量 Number
综合指标	**Comprehensive Index**	-	-	-
中心城交通指数	Traffic Index of Core Area	-	-	5.6
中心城绿色出行比例	Green Travel Ratio of Core Area	%	%	71.0
机动车保有量	Number of Motor Vehicles	万辆	10 000 vehicles	571.7
交通基础设施	**Transportation Infrastructure**	-	-	-
境内道路总里程	Total Length of Highway and Roads	公里	km	29 282
境内道路网密度	Density of Intraregional roads	公里/百平方公里	km/100 sq. km	178.4
公路里程	Total Length of Highway	公里	km	22 026
其中：高速公路	of which: Expressway	公里	km	1 013
公路桥梁	Highway Bridges	米/座	meter/bridge	578 917/6 485
公路隧道	Highway Tunnels	米/处	meter/tunnel	66 905/123
公路网密度	Highway Network Density	公里/百平方公里	km/100 square km	134.2
城市道路里程	Length of Urban Roads	公里	km	6 373
其中：快速路	of which: Rapid Roads	公里	km	390
主干路	Trunk Road	公里	km	970
城市桥梁	Urban Bridges	座	unit	2 088
城市立交桥系	Urban Overpasses	个	unit	431
轨道交通运营线路长度	Rail Transit Operation Route Length	公里	km	574
轨道交通车站	Rail Transit Station	个	unit	345
其中：换乘站	of which: Transfer Station	个	unit	54
轨道交通停车保养场	Rail Transit Parking Lots	个	unit	26
公共电汽车停车保养场	Buses and Trolley Buses Parking Lots	个	unit	677
公交专用道长度	Bus Lane Length	公里	km	851
客货运输	**Passenger and Freight Transportation**	-	-	-
公路载客汽车	Highway Passenger Vehicles	辆	vehicle	69 850
公路载货汽车	Highway Freight Vehicles	辆	vehicle	181 098
公路客运量	Highway Passenger Volume	万人次	10 000 person-times	48 040
公路旅客周转量	Highway Passenger Turnover	万人公里	10 000 person-kms	1 176 740
公路货运量	Highway Freight Volume	万吨	10 000 tons	19 972
公路货物周转量	Highway Freight Turnover	万吨公里	10 000 ton-kms	1 613 192
轨道交通客运量	Rail Transit Passenger Volume	万人次	10 000 person-times	365 934
轨道交通最高日客运量	Maximum Daily Passenger Volume of Rail Transit	万人次	10 000 person-times	1 270
公共电汽车客运量	Buses and Trolley Buses Passenger Volume	万人次	10 000 person-times	369 019
公共电汽车最高日客运量	Maximum Daily Passenger Volume of Buses and Trolley Buses	万人次	10 000 person-times	1 389
出租汽车客运量	Taxi Passenger Volume	万人次	10 000 person-times	47 665

二、公　　路
HIGHWAY

简 要 说 明
Brief Introduction

一、本篇资料反映北京市公路基础设施发展的基本情况。主要包括：公路密度、公路里程、公路桥梁、公路隧道等统计数据。

Ⅰ. Statistics in this chapter reflects the basic situation of highway infrastructure in Beijing, mainly including statistical data of highway density, highway length, highway bridges, highway tunnels and so on.

二、公路里程为年末通车里程，不含在建和未正式投入使用的公路里程。

Ⅱ. The length of highway is the traffic mileage at the end of 2016, excluding the highway mileage under construction or not formally put into use.

2-1　公路密度情况
Statistics on Highway Density

行政区划 Administrative Division		公路密度（公里 / 百平方公里）Highway Density（km/100 sq. kms）	公路里程（公里）Highway Mileage（km）
门头沟区	Mentougou District	68.6	995
房山区	Fangshan District	146.4	2 912
通州区	Tongzhou District	275.8	2 500
顺义区	Shunyi District	289.0	2 947
昌平区	Changping District	149.3	2 006
大兴区	Daxing District	271.9	2 818
怀柔区	Huairou District	81.1	1 721
平谷区	Pinggu District	168.5	1 601
密云区	Miyun District	95.9	2 139
延庆区	Yanqing District	99.1	1 975

2-2 公路里程
Length of Highway

行政区划 Administrative Divisions		里程总计 Total Mileage	按行政等级分 By Administrative Level			
			国道 National Highway	国高 National Expressway	省道 Provincial Highway	县道 County Highway
合 计	**Total**	**22 026**	**1 883**	**618**	**1 895**	**3 861**
东城区	Dongcheng District	–	–	–	–	–
西城区	Xicheng District	10	10	–	–	–
朝阳区	Chaoyang District	170	69	19	101	–
丰台区	Fengtai District	102	47	29	52	3
石景山区	Shijingshan District	8	–	–	8	–
海淀区	Haidian District	120	82	38	38	–
门头沟区	Mentougou District	995	178	19	69	230
房山区	Fangshan District	2 912	300	90	134	594
通州区	Tongzhou District	2 500	168	85	159	313
顺义区	Shunyi District	2 947	68	43	326	504
昌平区	Changping District	2 006	117	78	246	325
大兴区	Daxing District	2 818	188	92	171	406
怀柔区	Huairou District	1 721	219	13	89	331
平谷区	Pinggu District	1 601	43	–	205	325
密云区	Miyun District	2 139	243	81	118	392
延庆区	Yanqing District	1 975	151	33	179	437

（按行政区划分）
(By Administrative Divisions)

单位：公里　Unit:km

			按技术等级分 By Technical Level				
乡道 Township Highway	专用公路 Special Highway	村道 Village Highway	高速公路 Expressway	一级公路 Class I	二级公路 Class II	三级公路 Class III	四级公路 Class IV
7 981	**610**	**5 795**	**1 013**	**1 405**	**3 420**	**4 147**	**12 040**
–	–	–	–	–	–	–	–
–	–	–	2	8	–	–	–
–	–	–	122	37	11	–	–
–	–	–	47	6	49	–	–
–	–	–	8	–	–	–	–
–	–	–	89	21	11	–	–
354	10	153	19	34	196	273	473
997	40	847	100	140	518	545	1 608
1 253	53	553	131	280	255	532	1 302
895	120	1 034	91	176	494	564	1 622
852	44	422	102	134	299	367	1 104
1 020	126	909	137	147	435	368	1 731
605	45	433	19	172	185	445	901
579	72	376	26	100	314	211	949
753	69	563	81	105	259	466	1 228
675	30	504	39	46	392	377	1 121

2-3 公路里程（按技术等级分）
Length of Highway (By Technical Level)

单位：公里 Unit:km

指标	Indicator	公路里程总计 Total	等级公路 Classified Highway								
			合计 Total	高速公路 Expressway				一级 Class I	二级 Class II	三级 Class III	四级 Class IV
				小计 Subtotal	四车道 Four-Lane	六车道 Six-Lane	八车道及以上 Eight-Lane and above				
合 计	**Total**	**22 026**	**22 026**	**1 013**	**450**	**497**	**65**	**1 405**	**3 420**	**4 147**	**12 040**
国道	National Highway	1 883	1 883	703	379	293	31	406	576	198	–
其中：国家高速公路	of which: National Expressway	618	618	618	345	245	28	–	–	–	–
省道	Provincial Highway	1 895	1 895	310	71	204	34	481	953	152	–
县道	County Highway	3 861	3 861	–	–	–	–	350	1 259	2 123	130
乡道	Township Highway	7 981	7 981	–	–	–	–	113	293	1 188	6 386
专用公路	Special Highway	610	610	–	–	–	–	42	253	207	107
村道	Village Highway	5 795	5 795	–	–	–	–	13	86	279	5 417

2-4 公路里程（按路面类型分）
Length of Highway (By Pavement Materials)

单位：公里 Unit:km

指标 Indicator		公路里程总计 Total	有铺装路面（高级） Paved Road (High-Type)			简易铺装路面（次高级） Simple Pavement (Sub-high Type)	未铺装路面（中级、低级、无路面） Unpaved (Intermediate Type, Low Type, No Pavement)
			合计 Total	沥青混凝土 Asphalt Concrete Pavement	水泥混凝土 Cement Concrete Pavement		
合　计	**Total**	**22 026**	**21 571**	**16 538**	**5 034**	**–**	**454**
国道	National Highway	1 883	1 883	1 883	–	–	–
其中：国家高速公路	of which: National Expressway	618	618	618	–	–	–
省道	Provincial Highway	1 895	1 895	1 892	3	–	–
县道	County Highway	3 861	3 838	3 779	59	–	23
乡道	Township Highway	7 981	7 714	5 527	2 187	–	267
专用公路	Special Highway	610	610	530	79	–	–
村道	Village Highway	5 795	5 632	2 926	2 706	–	164

2-5 公路桥梁 Statistics on Highway Bridge

行政区划 Administrative Divisions		总计 Total		其中：互通式立交 of which: Multi-passing Grade Separation	
		座 Number	延米 Meter	座 Number	延米 Meter
合 计	**Total**	**6 485**	**578 917**	**134**	**43 553**
朝阳区	Chaoyang District	216	49 133	18	11 921
丰台区	Fengtai District	127	12 222	4	611
石景山区	Shijingshan District	20	5 404	2	1 089
海淀区	Haidian District	125	31 421	6	1 315
门头沟区	Mentougou District	211	23 197	7	1 023
房山区	Fangshan District	830	79 653	9	1 756
通州区	Tongzhou District	865	60 462	13	4 385
顺义区	Shunyi District	634	46 324	18	6 696
昌平区	Changping District	570	43 560	7	3 531
大兴区	Daxing District	653	62 317	19	6 927
怀柔区	Huairou District	673	62 407	4	708
平谷区	Pinggu District	356	21 849	3	598
密云区	Miyun District	763	60 509	17	2 541
延庆区	Yanqing District	442	20 460	7	454

（按行政区划分）
(By Administrative Divisions)

按桥梁长度分类 By Length of Bridge							
特大桥 Special Large-size Bridge		大桥 Large-size Bridge		中桥 Medium-size Bridge		小桥 Small-size Bridge	
座 Number	延米 Meter	座 Number	延米 Meter	座 Number	延米 Meter	座 Number	延米 Meter
72	**141 086**	**978**	**261 956**	**1 856**	**110 211**	**3 579**	**65 663**
9	23 409	58	19 597	80	4 936	69	1 191
–	–	28	8 458	40	2 629	59	1 135
2	2 371	6	2 610	6	298	6	126
10	15 968	44	12 073	47	2 956	24	424
4	12 218	27	5 079	67	4 065	113	1 836
5	6 591	154	52 156	229	12 876	442	8 030
8	12 776	102	24 678	155	9 954	600	13 054
6	12 468	67	15 797	216	11 455	345	6 603
6	7 162	82	17 893	225	14 196	257	4 308
13	29 241	61	13 646	209	12 391	370	7 039
6	15 232	113	31 700	168	9 169	386	6 306
2	2 165	49	9 374	109	6 814	196	3 496
1	1 485	139	38 657	191	12 701	432	7 666
–	–	48	10 238	114	5 774	280	4 448

2-6 公路桥梁
Statistics on Highway Bridge

指标 Indicator		桥梁总计 Total Bridges			
		总计 Total		互通式 Multi-passing Grade Separation	
		座 Number	米 Meter	座 Number	米 Meter
合 计	**Total**	**6 485**	**578 917**	**134**	**43 553**
国道	National Highway	2 169	288 106	76	13 050
其中：国家高速公路	of which: National Expressway	1 521	218 908	60	10 398
省道	Provincial Highway	1 354	188 079	54	30 052
县道	County Highway	1 054	51 441	4	451
乡道	Township Highway	1 348	36 244	–	–
专用公路	Special Highway	21	2 121	–	–
村道	Village Highway	539	12 927	–	–

2-7 公 路
Highway

指标 Indicator		合计 Total		特长隧道 Extra-long Tunnel	
		米 Meter	处 Number	米 Meter	处 Number
合 计	**Total**	**66 905**	**123**	**13 238**	**4**
国道	National Highway	39 801	77	10 235	3
其中：国家高速公路	of which: National Expressway	16 198	31	3 445	1
省道	Provincial Highway	18 017	14	3 003	1
县道	County Highway	5 097	22	–	–
乡道	Township Highway	3 141	8	–	–
专用公路	Special Highway	848	2	–	–
村道	Village Highway	–	–	–	–

（按跨径分）
(By Span)

按跨径分 By Span							
特大桥 Special Large-size Bridge		大桥 Large-size Bridge		中桥 Medium-size Bridge		小桥 Small-size Bridge	
座 Number	米 Meter	座 Number	米 Meter	座 Number	米 Meter	座 Number	米 Meter
72	**141 086**	**978**	**261 956**	**1 856**	**110 211**	**3 579**	**65 663**
36	69 938	546	155 727	763	47 993	824	14 447
29	57 408	393	115 687	573	36 803	526	9 010
35	69 662	278	78 850	487	28 993	554	10 573
1	1 485	121	21 929	305	16 743	627	11 284
–	–	20	2 943	220	12 228	1 108	21 073
–	–	4	1 231	12	828	5	62
–	–	9	1 276	69	3 428	461	8 224

隧　道
Tunnel

长隧道 Long Tunnel		中隧道 Middle Tunnel		短隧道 Short Tunnel	
米 Meter	处 Number	米 Meter	处 Number	米 Meter	处 Number
23 347	**12**	**12 846**	**19**	**17 474**	**88**
11 339	7	6 204	9	12 023	58
5 831	4	600	1	6 322	25
10 927	4	3 304	5	783	4
–	–	1 897	3	3 200	19
1 080	1	821	1	1 240	6
–	–	620	1	228	1
–	–	–	–	–	–

2-8 高速公路明细情况
Schedule of Expressway

单位：公里 Unit:km

路线名称	Route Name	路线编号 Route Number	起讫地点	From /To	里程 Mileage
合 计	Total	–	–	–	**1 012.9**
京哈高速	Jingha Expressway	G1	四方桥西（四环）－大沙务（市界）	Sifangqiao West (4th Ring Road) – Dashawu (city Boundary)	39.9
北京—秦皇岛	Beijing–Qinhuangdao	G1N	平房桥（五环）－机场二高速	Pingfangqiao (5th Ring Road) – Airport 2 Expressway	3.9
京沪高速	Jinghu Expressway	G2	十八里店桥（四环）－柴厂屯	Shililidianqiao (4th Ring Road)– Chaichangtun (Beijing– Hebei Boundary)	35.0
京台高速	Jingtai Expressway	G3	德贤桥（五环）－礼贤（河北界）	Dexianqiao (5th Ring Road) – Lixian (Hebei Boundary)	27.2
京港澳高速	Jinggang'ao Expressway	G4	六里桥（三环）－琉璃河（京冀界）	Liuliqiao (3rd Ring Road) – Liuli River (Beijing–Hebei Boundary)	45.6
京昆高速	Jingkun Expressway	G5	京昆联络线－ 镇江营（京冀界）	Jingkun Contact Line – Zhenjiangying (Beijing–Hebei Boundary)	40.4
京藏高速	Jingzang Expressway	G6	马甸桥（三环）－康庄（京冀界）	Madianqiao (3rd Ring Road) – Kangzhuang (Beijing–Hebei Boundary)	68.4
京新高速	Jingxin Expressway	G7	箭亭桥（五环）－楼子庄桥（六环）	Jiantingqiao (5th Ring Road) – Louzizhuangqiao (6th Ring Road)	20.9
京新高速	Jingxin Expressway	G7	西羊坊立交－（京冀界）	Xiyangfang Flyover – (Beijing–Hebei Boundary)	15.3
大广高速	Daguang Expressway	G45	司马台（京冀界）－新农村	Simatai (Beijing–Hebei boundary) – Xinnongcun	62.7
			新农村－酸枣岭桥东	Xinnongcun – Suanzaolingqiao East	46.7
			酸枣岭桥东－酸枣岭桥（六环）	Suanzaolingqiao East – Suanzaolingqiao (6th Ring Road)	0.7
			酸枣岭桥（六环）－双源桥（六环）	Suanzaolingqiao (6th Ring Road) – Shuangyuanqiao (6th Ring Road)	–
			双源桥（六环）－辛立村立交	Shuangyuanqiao (6th Ring Road)–Xinlicun Bridge	15.3
			辛立村立交－固安大桥（京冀界）	Xinlicun Bridge – Gu'an Bridge (Beijing–Hebei Boundary)	9.0
六环路	6th Ring Road	G4501	酸枣岭桥－酸枣岭桥	Suanzaolingqiao – Suanzaolingqiao	187.6
京哈线	Jingha Line	G102	西马庄收费站－白庙（京冀界）	Ximazhuang Toll Gate – Baimiao (Beijing–Hebei Boundary)	13.8
京塘线	Jingtang Line	G103	大望桥西－八里桥	Dawangqiao West–Baliqiao	12.9

2-8 （续表一）

路线名称	Route Name	路线编号 Route Number	起讫地点	From /To	里程 Mileage
京广线	Jingguang Line	G106	菜户营（二环）－榆垡收费站	Caihuying (2nd Ring Road)−Yufa Toll Gate	22.7
京昆线	Jingkun Line	G108	复兴门（二环）－卧龙岗（六环）	Fuxingmen (2nd Ring Road)−Wolonggang (6th Ring Road)	18.6
京拉线	Jingla Line	G109	定慧桥（四环）－苹果园立交	Dinghuiqiao (4th Ring Road) − Pingguoyuan Flyover	14.6
京银线	Jingyin Line	G110	德胜门（二环）－马甸桥（三环）	Deshengmen (2nd ring Road) − Madianqiao (3rd ring Road)	2.3
京承高速	Jingcheng Expressway	S11	望和桥（四环）－酸枣岭（六环）	Wangheqiao (4th ring Road) − Suanzaoling(6th Ring Road)	21.0
机场高速	Airport Expressway	S12	三元桥（三环）－首都机场（T2）	Sanyuanqiao (3rd Ring Road) − Capital Airport (T2)	18.7
京津高速	Jingjin Expressway	S15	化工桥（五环）－永乐店（京冀界）	Huagongqiao (5th Ring Road)−Yongledian (Beijing−Hebei Boundary)	34.1
机场北线	Airport North Line	S28	定泗路－机场	Dingsi Road−Airport	11.4
京平高速	Jingping Expressway	S32	京承高速－李天桥（六环）	Jingcheng Expressway − Litianqiao (6th Ring Road)	17.5
京平高速	Jingping Expressway	S32	李天桥（六环）－大岭后隧道（京冀界）	Litianqiao (6th Ring Road)−Dalinghou Tunnel (Beijing−Hebei Boundary)	52.8
京密高速	Jingmi Expressway	S35	京承高速－怀柔开放环岛	Jingcheng Expressway − Huairou Open Roundabout	6.1
京通京哈联络线	Jingtong Jingha Contact Line	S46	会村－西马庄	Huicun − Ximazhuang	3.2
五环路	5th Ring Road	S50	来广营立交－来广营立交	Laiguangying Flyover − Laiguangying Flyover	98.6
机场第二高速	Airport Second Expressway	S51	姚家园路－岗山收费站（T3）	Yaojiayuan Road − Gangshan Toll Gate (T3)	12.0
京新复线	Jingxin Double Line	S63	楼子庄桥（六环）－德胜口隧道北口	Louzizhuangqiao (6th Ring Road) − Deshengkou Tunnel North Exit	16.8
京新复线	Jingxin Double Line	S63	米家堡－西羊坊立交	Mijiapu−Xiyangfang Flyover	6.6
京昆联络线	Jingkun Contact Line	S66	青龙湖收费站－京昆高速	Qinglonghu Toll Gate − Jingkun Expressway	10.8

注：大广高速与六环路重合路段为六环路（酸枣岭桥—双源桥），里程为 84.3 公里。
Note:The 6th Ring Road (Suanzaolingqiao − Shuangyuanqiao) where Daguang Expressway and the 6th Ring Road coincide is 84.3 kilometers long.

2-9 国道明细情况
Schedule of National Highway

路线名称	Route Name	路线编号 Route Number	起讫地点	From/To	里程（公里）Length (km)
合 计	**Total**	–	–	–	**1 883.0**
国家高速	**National Expressway**	–	–	–	**618.4**
京哈高速	Jingha Expressway	G1	四方桥－香河	Sifangqiao – Xianghe	39.9
北京－秦皇岛	Beijing–Qinhuangdao	G1N	五环－市界	5th Ring Road – Municipal Boundary	3.9
京沪高速	Jinghu Expressway	G2	十八里店桥（四环）－柴厂屯（京冀界）	Shibalidianqiao (4th Ring Road)–Chaichangtun (Beijing–Hebei Boundary)	35.0
京台高速	Jingtai Expressway	G3	五环路－河北界	5th Ring Road – Hebei Boundary	27.2
京港澳高速	Jinggang'ao Expressway	G4	六里桥（三环）－琉璃河（京冀界）	Liuliqiao (3rd Ring Road) – Liulihe (Beijing–Hebei boundary)	45.6
京昆高速	Jingkun Expressway	G5	G108－市界	G108–Municipal Boundary	40.4
京藏高速	Beijing–Tibet Expressway	G6	马甸桥（三环）－康庄（京冀界）	Madianqiao (3rd Ring Road) – Kangzhuang (Beijing–Hebei boundary)	68.4
京新高速	Jingxin Expressway	G7	五环－京冀界	5th Ring Road – Beijing–Hebei Boundary	36.2
大广高速	Daguang Expressway	G45	京冀界－市界	Beijing–Hebei boundary – Municipal Boundary	134.3
六环路	6th Ring Road	G4501	酸枣岭－酸枣岭	Suanzaoling – Beijing–Hebei Boundary	187.6
普通国道	**Ordinary National Highway**	–	–	–	**1 264.6**
京沈线	Jing Shen Line	G101	东直门－市界	Dongzhimen– Municipal Boundary	124.0
京哈线	Jingha Line	G102	朝阳门－通州北关	Chaoyangmen–Tongzhoubeiguan	31.3
京塘线	Jingtang Line	G103	建国门－觅子店	Jianguomen – Mizidian	50.1
京福线	Jingfu Line	G104	永定门－市界	Yongdingmen– Municipal Boundary	46.8
京珠线	Jingzhu Line	G105	永定门－市界	Yongdingmen– Municipal Boundary	0.0
京广线	Jingguang Line	G106	菜户营桥－市界	Caihuyingqiao– Municipal Boundary	44.3
京深线	Jingshen Line	G107	广安门－北京界（挟河桥）	Guang'anmen–Beijing Boundary (Xieheqiao)	39.2
京昆线	Jingkun Line	G108	复兴门－北京界	Fuxingmen–Beijing Boundary	133.5
京拉线	Jingla Line	G109	阜城门－大垭口（市界）	Fuchengmen – Dayakou (Municipal Boundary)	119.0
京银线	Jingyin Line	G110	德胜门－市界（下营）	Deshengmen– Municipal Boundary (Xiaying)	99.2
京加线	Jingjia Line	G111	开放路环岛－市界	Kaifang Road Roundabout – Municipal Boundary	106.1
通化－武汉	Tonghua–Wuhan	G230	市界－市界	Municipal Boundary – Municipal Boundary	91.4
兴隆－阳江	Xinglong–Yangjiang	G234	市界－易县（龙安大桥）	Municipal Boundary – Yi County (Long'an Bridge)	319.6
承德－塔城	Chengde–Tacheng	G335	二道梁－市界	Erdaoliang– Municipal Boundary	45.5
京唐港－通州	Jingtang Port–Tongzhou	G509	河北界－京塘线	Hebei Boundary –Jingtang Line	14.6

2-10　省道明细情况
Schedule of Beijing Provincial Expressway

路线名称 Route Name		路线编号 Route Number	起讫地点 From/To		里程（公里） Mileage (km)
合　计	Total	–	–	–	**1 895.2**
京承高速	Jingcheng Expressway	S11	土城桥－酸枣岭（六环）	Tuchengqiao – Suanzaoling(6th Ring Road)	21.0
机场高速	Airport Express	S12	三元桥（三环）－首都机场	Sanyuanqiao (3rd Ring Road) – Capital Airport	18.7
京津高速	Jingjin Expressway	S15	化工路立交（五环）－京冀界	Huagong Road Flyover (5th Ring Road) – Beijing–Hebei boundary	34.1
机场北线	Airport North Line	S28	定泗路－机场	Dingsi Road – Airport	11.4
京平高速	Jingping Expressway	S32	京承高速－大岭后隧道	Jingcheng Expressway – Zhaozhuangcun	70.3
京密高速	Jingmi Expressway	S35	庙城－京沈线出口	Miaocheng – Jingshen Line Exit	6.1
京通京哈联络线	Jingtong Jingha Contact Line	S46	会村－西马庄	Huicun – Ximazhuang	3.2
五环路	5th Ring Road	S50	来广营立交－来广营立交	Laiguangying Flyover – Laiguangying Flyover	98.6
机场第二高速	Airport Second Expressway	S51	姚家园路－T3 航站楼	Yaojiayuan Road – T3 Terminal	12.0
京新复线	Jingxin Double Line	S63	六环－京新高速	6th Ring Road – Jingxin Expressway	23.3
京昆联络线	Jingkun Contact Line	S66	房山区界－京昆高速	Fangshan District Boundary – Jingkun Expressway	10.8
通顺路	Tongshun Road	S201	京哈线－昌金路	Jingha Line – Changjin Road	33.3
张采路	Zhangcai Road	S202	土桥－南刘庄	Tuqiao – South Liuzhuang	23.8
顺密路	Shun Mi Road	S203	顺平路－新南路	Shunping Road – Xinnan Road	32.8
密三路	Misan Road	S204	新农村－三河界	Xinnongcun – Sanhe Boundary	49.4
密关路	Miguan Road	S205	新南路–G234	Xinnan Road – G234	24.7
平三路	Pingsan Road	S206	平谷－赵家务	Pinggu – Zhaojiawu	4.6
觅西路	Tongqing Road	S207	G509–G103	G509 – G103	10.5

2-10 （续表一）

路线名称 Route Name		路线编号 Route Number	起讫地点 From/To		里程（公里） Mileage (km)
阎河路	Yanhe Road	S208	阎村－河北镇	Yancun – Hebei Town	4.0
石担路	Shidan Road	S209	石门营环岛－担礼	Shimenying Roundabout – Danli	17.1
三温路	Sanwen Road	S210	煤矿学校－灰口	Coal Mine School – Huikou	11.2
斋幽路	Zhaiyou Road	S211	斋堂－河北界（幽州）	Zhaitang – Hebei Boundary (Youzhou)	25.0
昌赤路	Changchi Road	S212	涧头－水库大坝	Jiantou – Reservoir Dam	78.7
安四路	Ansi Road	S213	安定门－四海	Andingmen – Sihai	84.5
壁富路	Bifu Road	S214	富豪－李天路	Fuhao – Litian Road	9.0
京开辅路	Jingkai Side Road	S215	玉泉营－六环路	Yuquanying – 6th Ring Road	17.1
G6 辅路	G6 Side Road	S216	京银线－人文大学	Jingyin Line – University of the Humanities	38.5
康张路	Kangzhang Road	S217	G234- 古龙路	G234 – Gulong Road	13.0
温南路	Wennan Road	S218	海淀区界－南口环岛	Haidian District Boundary – Nankou Roundabout	16.1
南雁路	Nanyan Road	S219	南口－京拉线	Nankou – Jingla Line	41.1
延康路	Yankang Road	S220	延庆－铁路桥	Yanqing – Tieluqiao	6.8
孔兴路	Kongxing Road	S221	孔庄－天津界	Kongzhuang–Tianjin Boundary	10.0
崔杏路	Cuixing Road	S222	崔家庄－杏园	Cuijiazhuang – Xingyuan	14.8
漷永路	Huoyong Road	S223	京塘线－河北界	Jingtang Line – Hebei Boundary	21.7
木燕路	Muyan Road	S224	木林－燕郊	Mulin–Yanjiao	25.6
机场东路	Airport East Road	S225	顺平路－李天路	Shunping Road – Litian Road	9.3
马朱路	Mazhu Road	S226	漷马路口－朱庄	Huoma Junction – Zhuzhuang	13.5

2-10 （续表二）

路线名称 Route Name		路线编号 Route Number	起讫地点 From/To		里程（公里） Mileage (km)
杨雁路	Yangyan Road	S227	京承高速收费口 – 国道 111	Jingcheng Expressway Toll Gate – National Highway 111	11.6
南中轴路	South Zhongzhou Road	S228	黄亦路 – 市界	Huangyi Road – Municipal Boundary	29.2
宋梁路	Songliang Road	S229	潞苑北大街 – 京塘线	Luyuan North Avenue – Jingtang Line	11.4
平程路	Pingcheng Road	S230	平谷 – 程各庄	Pinggu – Chenggezhuang	33.6
平兴路	Pingxing Road	S231	平谷靠山集 – 兴隆界将军关	Pinggukaoshanji – Xinglong Boundary Generals Gate	8.6
妫川路	Guichuan Road	S232	西拨子二号桥 – 米家堡桥	Xidianzierhaoqiao – Mijiapuqiao	10.5
怀雁路	Huaiyan Road	S233	京密高速 – 范崎路	Jingmi Expressway – Fanqi Road	5.7
德贤路	Dexian Road	S234	四环 – 五环路	4th Ring Road – 5th Ring Road	5.3
通马路	Tongma Road	S302	果园环岛 – 光机电路口	Guoyuan roundabout – Guangjidian Junction	12.2
顺平路	Shunping Road	S305	天北路 – 韩庄	Tianbei Road – Hanzhuang	65.0
武兴路	Wuxing Road	S306	京塘线 – 河北界	Jingtang Line – Hebei Boundary	8.4
刘田路	Liutian Road	S307	刘家铺 – 礼贤西口桥西	Liujiapu – Lixianxikouqiao West	16.9
怀长路	Huaichang Road	S308	庙城立交桥 – 昌赤路	Miaocheng Flyover – Changchi Road	45.9
滦赤路	Luanchi Road	S309	G335– 市界	G335 – Municipal Boundary	63.1
密兴路	Mixing Road	S311	金山子路口 – 北沟	Jinshanzi Junction – Beigou	21.2
松曹路	Songcao Road	S312	松树峪 – 市界	Songshuyu – Municipal Boundary	38.7
岳琉路	Yueliu Road	S313	岳各庄 – 琉璃河（环岛）	Yuegezhuang – Liuli River (Roundabout)	13.5
平蓟路	Pingji Road	S314	平谷 – 蓟州区界	Pinggu–Jizhou District Boundary	23.6
京良路	Jingliang Road	S315	G106 新发地 – 京港澳高速	G106 Xinfadi – Beijing–Hong Kong–Macau Expressway	18.0

2-10（续表三）

路线名称 Route Name		路线编号 Route Number	起讫地点 From/To		里程（公里）Mileage (km)
黄良路	Huangliang Road	S316	黄村（京开西辅路）－京周路	Huangcun (Jingkai West Side Road)–Jingzhou Road	20.0
京周路	Jingzhou Road	S317	广安门－周口店	Guang'anmen – Zhoukoudian	48.2
房易路	Fangyi Road	S318	京周路－G234	Jingzhou Road – G234	2.39
良坨路	Liangtuo Road	S319	良乡－坨里	Liangxiang– Tuoli	10.9
G108 复线	G108 Double Line	S320	北辛庄村－贾峪口	Beixinzhuangcun – Jiayukou	20.9
顺沙路	Shunsha Road	S321	右堤路－葛村	Youdi Road – Gecun	47.8
黄马路	Huangma Road	S322	黄村－马驹桥	Huangcun – Majuqiao	19.2
沙阳路	Shayang Road	S324	沙河－京密引水渠	Shahe – Jingmi Channel	10.5
八达岭路	Badaling Road	S325	林场－西拨子桥	Linchang – Xiboziqiao	7.5
大件路	Dajian Road	S326	京周路－房东路路口	Jingzhou Road – Fangdong Road Junction	10.8
定泗路	Dingsi Road	S327	定福皇庄－火沙路	Dingfuhuangzhuang – Huosha Road	20.1
良三路	Liangsan Road	S328	良乡（高速出口）－三福村	Liangxiang (Expressway Exit)–Sanfucun	21.8
黄亦路	Huangyi Road	S329	芦求路－西周路	Luqiu Road – Xizhou Road	24.4
昌金路	Changjin Road	S330	崔阿路－K79+481	Cui'a Road – K79+481	79.5
顺平南线	Shunping South Line	S331	机场东路－平三路	Airport East Road – Pingsan Road	42.8
龙塘路	Longtang Road	S332	机场东路－顺平南线	Airport East Road – Shunping South Line	27.5
阎周路	Yanzhou Road	S333	阎村镇（小十三里）-G234	Yancun Village (Xiaoshisanli) – G234	1.6
白马路	Baima Road	S335	秦北路－杨杏路	Qinbei Road – Yangxing Road	45.5
兴亦路	Xingyi Road	S336	芦求路－四海庄	Luqiu Road – Sihaizhuang	17.7
北清路	Beiqing Road	S337	北安河路－七星路	Beianhe Road – Qixing Road	27.7

主要统计指标解释

公路里程：指报告期末，公路的实际长度。计量单位：公里。

统计范围：凡达到交通运输部《公路工程技术标准》（JTG B01—2003）规定的技术等级的公路（县、乡道中，含路基宽度≥ 4.5 米或路面宽度≥ 3.5 米路段的等外路线的里程；村道中，含路基宽度≥ 4.5 米或路面宽度≥ 3.0 米路段的等外路线的里程），均统计为公路里程。包括大、中城市的郊区公路，以及公路通过城镇（指县城、集镇）街道的里程数和公路桥梁长度、隧道长度、渡口的宽度以及分期修建的公路已验收交付使用的里程。

统计分组：

按公路行政等级分为国道、省道、县道、乡道、专用公路和村道里程。

按是否达到公路工程技术标准分为等级公路里程和等外公路里程。等级公路里程按技术等级分为高速公路、一级公路、二级公路、三级公路、四级公路里程。

按公路路面类型分为有铺装路面、简易铺装路面和未铺装路面公路里程。有铺装路面里程含沥青混凝土、水泥混凝土路面公路里程。

公路密度：指报告期末，一定区域内单位国土面积所拥有的公路里程数，计量单位：公里 / 百平方公里。

公路桥梁数量：指报告期末，公路桥梁的实际数量。计量单位：座。

计算方法：

（1）对于上下行路线及带有辅道的路线，两幅路上同一断面的并行桥梁按两座桥计算。

（2）由于路线的多次加宽，单幅路同一断面出现两座以上不同建设年代、不同结构形式、不同荷载等级的桥梁统计为一座桥梁。

（3）互通式立交桥梁计为一座桥梁。

统计分组：一般按以下方式分组：

（1）按公路桥梁的建筑材料和使用年限分为：永久性桥梁、半永久性桥梁、临时性桥梁数量。

（2）按桥梁的跨径分为：特大桥、大桥、中桥、小桥数量。

公路隧道数量：指报告期末，公路隧道的实际数量。计量单位：处。

统计分组：按公路隧道长度分为特长隧道（长度 > 3 000 米）、长隧道（3 000 米≥长度 > 1 000 米）、中隧道（1 000 米≥长度 >500 米）、短隧道（长度≤ 500 米）。

Explanatory Notes on Main Statistical Indicators

Highway length refers to the actual length of highway at the end of the report period. Unit: km.

Statistical scope: Such statistics apply for any highway (covering substandard highways with roadbed width of 4.5m and above or pavement width of 3.5m and above in county highway and township highway, substandard highways with roadbed width of 4.5m and above or pavement width of 3.0m and above in village highway) reaching the technical grade of ministry of Transport stated in *Highway Engineering Technical Standards (JTG B01—2003)*,including the mileage of highways in suburbs of middle and large cities, mileage of highways passing through streets in towns (counties and townships), length of highway bridges, length of tunnels, width of ferries, and mileage of highways constructed in several phases and put into use.

Generally grouped in the following ways:

Divided into length of national highway, provincial highway, county highway, township highway, special highway and village highway by administration level.

Divided into length of standard highway and substandard highway according to whether to achieve the highway engineering technical standards. Standard highway is divided into expressway, Class I highway, Class II highway, Class III highway and Class IV highway mileage by technical grade.

According to the types of road surface, there are paved road surface, simple paved road surface and unpaved road surface. Paved road surface includes asphalt concrete pavement and cement concrete pavement.

Highway density refers to the number of highway length owned by per unit area within a certain region at the end of the report period. Unit: km /100 sq. kms.

Number of highway bridges refers to the actual number of highway bridges at the end of the report period. Unit: bridge.

Calculating method:

(1) For the up and down routes and those with auxiliary roads, the parallel bridges with the same section of two roads are calculated as two bridges.

(2) Due to the multiple widening of routes, two or more bridges with different construction ages, different structural forms and different load levels in the same section of a single road are counted as one bridge.

(3) Interchange bridge is counted as one bridge.

Generally grouped in the following ways:

(1) Divided into permanent bridge, semi-permanent bridge and temporary bridge by building materials and service life.

(2) Divided into special large-size bridge, large-size bridge, medium-size bridge and small-size bridge by the bridge span.

Number of highway tunnels refers to the actual number of highway tunnels at the end of the report period. Unit: tunnel.

Generally grouped in the following ways:

Highway tunnels can be divided into extra-long tunnels (length > 3 000 m), long tunnels(3 000 m ≥ length > 1 000 m), medium tunnels (1 000 m ≥ length > 500 m)and short tunnels (length ≤ 500 m) by length.

三、城市道路
URBAN ROAD

简 要 说 明
Brief Introduction

一、本篇资料反映北京市城市道路基础设施的基本情况。主要包括：城市道路长度和面积、城市桥梁、立交桥、过街设施等统计数据。

二、北京市城市道路统计范围：东城区、西城区、朝阳区、海淀区、丰台区、石景山区行政区划范围内所有城市道路及其附属设施；超出城六区行政区划范围、纳入北京市交通委员会养护管理的部分城市道路及其附属设施；五环路和五环内高速公路及其附属设施（计入城市快速路）。

Ⅰ. Statistics in this chapter reflected the basic situation of urban road infrastructure of Beijing, including urban road length and area of urban roads, urban bridges, flyovers, crossing facilities and so on.

Ⅱ. The statistical scope of urban roads in Beijing is: all urban roads and related ancillary facilities within the administrative divisions of Dongcheng District, Xicheng District, Chaoyang District, Haidian District, Fengtai District and Shijingshan District; urban roads and related ancillary facilities beyond the scope of these six districts but maintained by Beijing Municipal Commission of Transport; 5th Ring Road and Inner 5th Ring Expressway and Its Affiliated Facilities (Included in Urban Expressway).

3-1 城区各环路内道路密度情况
Statistics on Road Density within Urban Ring Roads

环路位置 Location		区域面积（平方公里）Region Area (sq. km)	道路长度（公里）Road length (km)	道路面积（万平方米）Road area (10,000 sq. m)	其中：行车道面积 of which: Vehicle Lane	长度密度（公里/平方公里）Length density (km/sq. km)	面积密度（万平方米/平方公里）Area density (10 000 sq. m/sq. km)	其中：行车道面积密度 of which: Vehicle Lane
二环以内（含二环）	Within 2nd Ring Road (including 2nd Ring Road)	63	742	1 150	864	11.8	18.4	13.8
三环以内（含三环）	Within 3rd Ring Road (including 3rd Ring Road)	159	1 459	2 618	2 024	9.2	16.5	12.7
四环以内（含四环）	Within 4th Ring Road (including 4th Ring Road)	302	2 316	4 553	3 624	7.7	15.1	12.0
五环以内（含五环）	Within 5th Ring Road (including 5th Ring Road)	668	3 848	7 107	5 794	5.8	10.6	8.7

3-2 城市道路 Urban Roads

行政区划 Administrative Divisions		合计 Total		快速路 Rapid Road		
		长度（公里）Length (km)	面积（万平方米）Area (10 000 sq.m)	长度（公里）Length (km)	面积（万平方米）Area (10 000 sq.m)	其中：匝道面积 of which: Ramp
合　计	**Total**	**6 308**	**10 081**	**347**	**1 178**	**198**
东城区	Dongcheng District	408	691	18	58	9
西城区	Xicheng District	540	895	20	67	14
朝阳区	Chaoyang District	1 913	3 379	121	415	69
海淀区	Haidian District	1 661	2 561	87	277	37
丰台区	Fengtai District	1 530	2 113	79	287	53
石景山区	Shijingshan District	256	441	22	74	17

注：1. 城市道路面积包含路面面积、人行道面积、匝道面积。
2. 北京城市道路总里程为 6 374 公里，其中，城六区 6 308 公里，另外 66 公里为城六区快速路、主干路在郊区的延伸。

Notes: Ⅰ. Urban road area includes area of road surface,sidewalks and ramp.
Ⅱ. The total length of urban roads of Beijing is 6 374 kilometers, Among them, 6 308 kilometers are located in the six districts of Beijing. The

3-3 城市道路 Urban Roads

指标 Indicator		道路 Road	
		长度（公里）Length (km)	面积（万平方米）Area (10 000 sq.m)
合　计	**Total**	**6 373**	**10 275**
快速路	Rapid Road	390	1 332
主干路	Trunk Road	970	3 507
次干路	Secondary Trunk Road	636	1 499
支路及以下	Branch Road and below	4 377	3 937

（按行政区划分）
(By Administrative Divisions)

主干道 Trunk Road		次干道 Secondary Trunk Road		支路及以下 Branch Road and below	
长度（公里）Length (km)	面积（万平方米）Area (10 000 sq.m)	长度（公里）Length (km)	面积（万平方米）Area (10 000 sq.m)	长度（公里）Length (km)	面积（万平方米）Area (10 000 sq.m)
945	**3 468**	**638**	**1 499**	**4 378**	**3 936**
59	243	62	160	270	230
86	341	60	140	374	348
363	1 319	177	418	1 252	1 228
246	896	165	398	1 164	989
159	572	115	261	1 177	993
32	98	59	122	143	148

other of 66 kilometers is the extension of Beijing Sixth District Rapid Road and Trunk Road in the suburbs.

（按道路等级分）
(By Road Grade)

步道 Sidewalk		桥梁数（座）Number of Bridges (bridge)	立交桥系（座）Flyover (bridge)	过街设施（座、处）Crossing Facilities (unit)	
长度（公里）Length (km)	面积（万平方米）Area (10 000 sq. m)			天桥 Overpass	地道 Underpass
2 006	**1 713**	**2 088**	**431**	**544**	**213**
–	–	–	–	–	–
576	622	–	–	–	–
401	370	–	–	–	–
1 029	721	–	–	–	–

3-4　城市快速路明细情况
Schedule of Rapid Roads

路线名称	Route Name	起讫地点	From/To	通车里程（公里）Mileage (km)
合　计	**Total**	–	–	**390.3**
环　路	**Ring Roads**	–	–	**244.8**
二环路	2nd Ring Road	环路	Ring Road	32.7
三环路	3rd Ring Road	环路	Ring Road	48.3
四环路	4th Ring Road	环路	Ring Road	65.3
五环路	5th Ring Road	环路	Ring Road	98.6
放射线	**Radial Roads**	–	–	**145.5**
京承高速	Jingcheng Expressway	太阳宫桥（三环）– 来广营桥（五环）	Taiyanggongqiao (3rd Ring Road) – Laiguangyingqiao (5th Ring Road)	5.4
机场高速	Airport Expressway	小街桥（二环）– 五元桥（五环）	Xiaojieqiao (2nd Ring Road) – Wuyuanqiao (5th Ring Road)	8.4
通惠河北路	Tonghuihe North Road	东便门桥（二环）– 远通桥（五环）	Dongbianmenqiao (2nd Ring Road) – Yuantongqiao (5th Ring Road)	9.3
京沈高速	Jingshen Expressway	四方桥（四环）– 五方桥（五环）	Sifangqiao (4th Ring Road) – Wufangqiao (5th Ring Road)	5.1
京开高速	Jingkai Expressway	菜户营桥（二环）– 西红门南桥（五环）	Caihuyingqiao (2nd Ring Road) – Xihongmen South Bridge (5th Ring Road)	10.1
莲花池东西路	East Lianhuachi West Road	天宁寺桥（二环）– 漫水桥（永定河西）	Tianningsi (2nd Ring Road) –Manshuiqiao (Yongding River West)	16.5
京藏高速	Jingzang Expressway	德胜门（二环）– 上清桥（五环）	Deshengmen (2nd Ring Road) – Shangqingqiao (5th Ring Road)	8.9
京港澳高速	Jinggang'ao Expressway	六里桥（三环）– 宛平桥（五环）	Liuliqiao (2rd Ring Road) – Wanpingqiao (5th Ring Road)	8.8
学院路	Xueyuan Road	西直门桥（二环）– 学院桥（四环）	Xizhimenqiao (2nd Ring Road) – Xueyuanqiao (4th Ring Road)	4.6
京沪高速	Jinghu Expressway	分钟寺桥（三环）– 大羊坊桥（五环）	Fenzhongsiqiao (3rd Ring Road) – Dayangqiao (5th Ring Road)	6.5
丰北路	Fengbei Road	丽泽桥（三环）– 京港澳高速	Lizeqiao (3rd Ring Road) – Jinggang'ao Expressway	5.3
万泉河路	Wanquanhe Road	苏州桥（三环）–（肖家河桥）五环	Suzhouqiao (3rd Ring Road) – (Xiaojiaheqiao) 5th Ring Road	5.3
紫竹路（西外大街）	Zizhu Road (Xiwai Street)	西直门桥（二环）– 紫竹桥东天桥（三环）	Xizhimenqiao (2nd Ring Road) – Zizhu Bridge East Flyover (3rd Ring Road)	4.0
阜石路	Fushi Road	定慧桥（四环）– 双峪环岛	Dinghuiqiao (4th Ring Road) – Shuangyu Roundabout	15.1
蒲黄榆路	Puhuangyu Road	榴乡桥（四环）– 旧宫新桥（五环）	Liuxiangqiao (4th Ring Road) – Jiugongxinqiao (5th Ring Road)	5.5
姚家园路	Yaojiayuan Road	平房桥（五环）– 机场二高速	Pingfangqiao (5th Ring Road) – Airport Expressway 2	3.9
广渠路	Guangqu Road	大郊亭桥（四环）– 怡乐西路	Dajiaotingqiao (4th Ring Road) – Yile West Road	11.9
京昆联络线	Jingkun Rail Link	西五环 – 京港澳高速	West 5th Ring Road – Jinggang'ao Expressway	10.8

3-5　城市主干路明细情况
Schedule of Urban Main Roads

路线名称 Route Name		起点名称 From		终点名称 To		通车里程（公里） Mileage (km)
合 计	Total	–	–	–	–	**970.3**
安定路	Anding Road	安慧桥立交	Anhui Bridge Interchange	安贞桥	Anzhenqiao	2.3
安定门外大街	Andingmen Outer Street	安贞桥	Anzhen Bridge	安定门立交	Andingmen Flyover	2.2
安立路	Anli Road	区界	District boundary	安慧桥	Anhuiqiao	7.1
安宁庄东路	Anning Village East Road	安宁庄路	Anningzhuang Road	小营西路	Xiaoying West Road	1.9
安宁庄东路新建段	New section of Anning Village East Road	东北旺北路	Dongbeiwang North Road	规划欧德宝南路	Oudebao West Road(Planning)	1.4
安翔北路	Anxiang North Road	北辰西路	Beichen West Road	八达岭高速	Badaling Expressway	1.0
奥林东路	Aolin East Road	奥林东桥	Aolin East Bridge	科荟路	Kehui Road	1.5
奥林西路	Aolin West Road	奥林西桥（五环）	Aolin West Bridge (5th rings Road)	科荟路口北侧人行道处	Sidewalk of Kehui Road Crossing North	2.3
八家南北线	Bajia north–south lines	毛纺路	Maofang Road	月泉路	Yuequan Road	1.4
白云路	Baiyun Road	复兴门外大街	Fuxingmen Outer Street	莲花池东路	Lianhuachi East Road	1.1
白纸坊东街	Baizhi Square East Street	菜市口大街	Caishikou Street	右安门内大街	You'anmen Inner Street	0.9
白纸坊西街	Baizhi Square West Street	右安门内大街	You'anmen Street	广安门南街	Guang'anmen South Street	1.2
北辰东路	Beichen East Road	科荟路	Kehui Road	北四环辅路（外环）	Side Road of North 4th Ring Road (outer ring)	2.3
北辰东路西辅路	Weat Side Road of Beichen East Road	大屯北路	Datun North Road	慧忠路	Huizhong Road	1.1
北辰路	Beichen Road	北辰桥立交	Beichenqiao Flyover	安华桥立交	Anhuaqiao Flyover	2.4
北辰桥改造道路	Reconstruction Road of Beichen Bridge	鸟巢	Bird's Nest	北土城东路	Beitucheng East Road	1.7
北辰西路	Beichen West Road	科荟路	Kehui Road	北土城西路	Beitucheng West Road	4.0
北蜂窝北路	Beifengwo North Road	玉渊潭南路	Yuyuantan South Road	复兴路	Fuxing Road	0.4
北蜂窝路	Beifengwo Road	复兴路	Fuxing Road	莲花池东路	Lianhuachi East Road	1.1
北宫路（大灰厂东路）	Beigong Road (Dahui Factory East Road)	莲石路	Lianshi Road	射击场路（长辛店北一街）	Shejichang Road (Changxindian North 1st Street)	2.0

3-5 （续表一）

路线名称 Route Name		起点名称 From		终点名称 To		通车里程（公里）Mileage (km)
北湖渠路	Beihuqu Road	五环路	5th Ring Road	小营北路	Xiaoying North Road	2.5
北京西站南路（西客站南路）	Beijing West Railway Station South Road (West Passenger Station South Road)	广安路	Guang'an Road	丽泽路	Lize Road	2.4
北京站前街	Beijing Railway Station Front Street	建国门内大街	Jianguomen Inner Street	北京站前	Beijing Railway Station Front	0.4
北清路	Beiqing Road	京包路	Jingbao Road	北安河路	Bei'anhe Road	14.4
北太平庄道路	Beitaipingzhuang Road	北土城西路	Beitucheng West Road	北三环中路	North 3rd Ring Middle Road	1.1
北土城东路	Beitucheng East Road	京承高速	Jingcheng Expressway	北辰路	Beichen Road	3.7
北土城西路	Beitucheng West Road	北辰路	Beichen Road	学院路	Xueyuan Road	3.4
北辛安路	Beixin'an Road	金安桥（阜石路）	Jin'anqiao (Fushi Road)	石景山路	Shijingshan Road	2.1
北苑东路	Beiyuan East Road	清河南侧滨河路	Qinghe South Binhe Road	北五环（外环）	North 5th Ring Road(outer ring)	2.7
北苑路	Beiyuan Road	安立路	Anli Road	太阳宫路	Taiyanggong Road	7.8
菜市口大街	Caishikou Street	骡马市大街	Luomashi Street	右外东滨河路	Youwaidongbinhe Road	2.1
长春桥路	Changchunqiao Road	西三环	West 3rd Ring Road	长春桥	Changchunqiao	1.2
长椿街	Changchun Street	宣武门西大街	Xuanwumen West Street	广安门内大街	Guang'anmen Inner Street	1.1
朝阳北路	Chaoyang North Road	通州区界	Tongzhou District Boundary	东大桥	Dongdaqiao	15.3
朝阳公园南路	Chaoyang Park South Road	东四环路	East 4th Ring Road	朝阳公园西路	Chaoyang Park West Road	1.4
朝阳路	Chaoyang Road	京通快速路	Jingtong Rapid Road	京广桥	Jingguangqiao	14.5
朝阳门内大街	Chaoyangmen Inner Street	朝阳门立交	Chaoyangmen Flyover	东四路口	Dongsi Crossing	1.5
朝阳门外大街	Chaoyangmen Outer Street	京广桥	Jingguang Bridge	朝阳门立交	Chaoyangmen Flyover	2.3
车公庄大街	Chegongzhuang Street	官园桥	Guanyuanqiao	三里河路	Sanlihe Road	1.9
车公庄西路	Chegongzhuang West Road	三里河路	Sanlihe Road	花园桥	Huayuanqiao	2.0

3-5 （续表二）

路线名称 Route Name		起点名称 From		终点名称 To		通车里程（公里）Mileage (km)
成寿寺路	Chengshou Temple Road	南三环东路	South 3rd Ring Road East	亦庄北环	Yizhuang North Ring	7.6
崇文门东大街	Chongwenmen East Street	东便门立交	Dongbianmen Flyover	崇文门路口	Chongwenmen Crossing	1.5
崇文门内大街	Chongwenmen Inner Street	东长安街	East Chang'an Street	崇文门路口	Chongwenmen Crossing	0.8
崇文门外大街	Chongwenmen Outer Street	崇文门	Chongwenmen	天坛路	Tiantan Road	1.5
崇文门西大街	Chongwenmen West Street	崇内大街	Chongwenmen Inner Street	台基厂大街	Taijichang Street	0.6
大灰厂路	Dahui Factory Road	廊坡顶西	Langpoding West	云岗路	Yungang Road	4.5
大屯路	Datun Road	北苑路	Beiyuan Road	八达岭高速辅路	Side Road of Badaling Expressway	4.0
地安门东大街	Di'anmen East Street	美术馆后街	Meishuguan Back street	地外大街	Diwai Street	1.1
地安门西大街	Di'anmen West Street	地安门外大街	Di'anmen Outer Street	新街口南大街	Xinjiekou South Street	2.0
东长安街	East Chang'an Street	东单路口	Dongdan Crossing	广场西侧路	Guangchang West Side Road	1.9
东大桥路	Dongdaqiao Road	朝阳门外大街	Chaoyangmen Outer Street	建国门外大街	Jianguomen Outer Street	1.6
东单北大街	Dongdan North Street	金鱼胡同	Jinyu Hutong	东长安街	East Chang'an Street	0.8
东蒲立交北滨河路	Dongpu Interchange Beibinhe Road	游乐园南门	Youleyuan South Gate	天坛东路	Tiantan East Road	0.4
东四北大街	Dongsi North Street	北新桥路口	Beixinqiao Crossing	东四路口	Dongsi Crossing	1.8
东四南大街	Dongsi South Street	东四路口	Dongsi Crossing	金鱼胡同	Jinyu Hutong	1.0
东四十条	Dongsishitiao	十条立交	Shitiao Flyover	东四北大街	Dongsi North Street	1.5
东苇路	Dongwei Road	机场辅路	Airport side road	朝阳路	Chaoyang Road	14.0
东直门内大街	Dongzhimen Inner Street	东直门立交	Dongzhimen Flyover	北新桥路口	Beixinqiao Crossing	1.5
东直门外大街	Dongzhimen Outer Street	东三环北路	East 3rd Ring Road North	东直门立交	Dongzhimen Flyover	2.4
东直门外斜街	Dongzhimen Outer Byway	新东路	Xindong Road	东直门外大街	Dongzhimen Outer Street	1.0
丰台东大街	Fengtai East Street	丰台北路	Fengtai North Road	七里庄路	Qilizhuang Road	0.8
丰葆路	Fengqi Road	丰草河	Fengcao River	樊羊路	Fanyang Road	2.3

3-5 （续表三）

路线名称	Route Name	起点名称	From	终点名称	To	通车里程（公里）Mileage (km)
复兴路	Fuxing Road	木樨地桥	Muxidiqiao	玉泉路	Yuquan Road	7.0
复兴门内大街	Fuxingmen Inner Street	西单	Xidan	复兴门桥	Fuxingmenqiao	1.5
复兴门外大街	Fuxingmen Outer Street	复兴门桥	Fuxingmenqiao	木樨地桥	Muxidiqiao	1.8
阜成路	FuCheng Road	三里河路	Sanlihe Road	定慧桥	Dinghuiqiao	5.1
阜成门内大街	Fuchengmen Inner Street	西四	Xisi	阜成门立交桥	Fuchengmen Bridge	1.5
阜成门外大街	Fuchengmen Outer Street	阜成门桥	Fuchengmenqiao	三里河路	Sanlihe Road	1.8
阜通东大街	Futong East Street	阜安路	Fu'an Road	北四环东路	North 4th Ring Road East	2.4
阜通西大街	Futong West Street	阜安路	Fu'an Road	望京西路	Wangjing West Road	1.9
富丰路	Fufeng Road	科兴路	Fu'an Road	外环西路	Waihuan West Road	0.6
高梁桥路	Gaoliangqiao Road	学院南路	Xueyuan South Road	北展北街	Beizhan North Street	2.8
工人体育场北路	Workers Stadium North Road	长虹桥	Changhongqiao	十条立交	Shitiao Flyover	2.3
工人体育场东路	Workers Stadium East Road	工人体育场北路	Workers Stadium North Road	东大桥	Dongdaqiao	1.2
鼓楼外大街	Gulou Outer Street	安华桥立交	Anhua Bridge	鼓楼立交桥	Gulou Flyover	2.2
光明路	Guangming Road	光明桥	Guangmingqiao	左安门内大街	Zuo'anmen Inner Street	1.0
广安路	Guang'an Road	湾子路口	Wanzi Crossing	西四环南路	West 4th Ring Road South	4.5
广安门内大街	Guang'anmen Inner Street	菜市口	Caishikou	广安门桥	Guang'anmenqiao	2.2
广安门外大街	Guang'anmen Outer Street	广安门桥	Guang'anmenqiao	湾子路口	Wanzi Crossing	1.9
广莲路	Guanglian Road	南蜂窝路	South Fengwo Road	西客站南广场	West Railway Station South Square	0.7
广渠路	Guangqu Road	高碑店路	Gaobeidian Road	三环路	3rd Ring road	5.5
广渠路	Guangqu Road	怡乐西路	Yile West Road	高碑店路	Gaobeidian Road	8.8
广渠门内大街	Guangqumen Inner Street	广渠门桥	Guangqumenqiao	崇文门外大街	Chongwenmen Outer Street	2.2
广渠门外大街	Guangqumen Outer Street	双井桥	Shuangjingqiao	广渠门桥	Guangqumenqiao	1.5
广顺北大街	Guangshun North Street	广顺桥	Guangshunqiao	阜通西大街	Futong West Street	2.6

3-5 （续表四）

路线名称	Route Name	起点名称	From	终点名称	To	通车里程（公里）Mileage (km)
广顺南大街	Guangshun South Street	阜通西大街	Futong West Street	京顺路	Jingshun Road	1.4
广泽路	Guangze Road	荣达路	Rongda Road	阜安西路	Fu'an West Road	1.3
旱河路	Hanhe Road	香泉环岛	Xiangquan Roundabout	阜石路	Fushi Road	2.6
和平里北街	Heping North Street	柳芳北街	Liufang North Street	青年湖北街	Qingnianhu East Street	2.3
和平里西街	Heping West Street	和平西桥	Hepingxiqiao	北二环	North 2nd Ring Road	2.4
黑泉路	Heiquan Road	西小口路	Xixiaokou Road	林萃桥	Lincuiqiao	2.2
红坊路	Hongfang Road	博大路	Boda Road	小红门路	Xiaohongmen Road	2.3
红军营南路	Hongjunying South Road	北苑东路	Beiyuan East Road	安立路	Anli Road	1.5
湖光中街	Huguang Middle Street	广顺北大街	Guangshun North Street	南湖渠西路	Nanhuqu West Road	1.3
虎坊路	Hufang Road	骡马市大街	Luomashi Street	北纬路	Beiwei Road	0.7
花园东路	Huayuan East Road	北四环中路	North 4th Ring Middle Road	北土城西路	Beitucheng West Road	1.2
化工路北段	North section of Huagong Road	窑洼湖桥	Yaowahuqiao	京沈高速	Jingshen Expressway	2.5
化工路南段	South section of Huagong Road	京沈高速	Jingshen Expressway	五环	5th Ring Road	4.1
槐房西路南延	South Extension of Huaifang West Road	西红门路	Xihongmen Road	春和路	Chunhe Road	2.5
黄楼路	Huanglou Road	康营东路	Kangying East Road	黄港桥	Huanggang Bridge	6.6
慧忠路	Huizhong Road	北苑路	Beiyuan Road	北辰西路	Beichen West Road	2.6
惠新东街	Huixin East Street	惠新东桥	Huixindongqiao	太阳宫路	Taiyanggong Road	1.3
惠新西街 1	Huixin West Street 1	北四环	North 4th Ring Road	北土城东路	Beitucheng East Road	1.4
惠新西街 2（北苑路支线一）	Huixin West Street 2 (Access Road 1 of Beiyuan Road)	慧忠路	Huizhong Road	北四环	North 4th Ring Road	0.7
建材城中路	Jiancaicheng Middle Road	五星啤酒厂	Wuxing Brewery	西小口路	Xixiaokou Road	1.7
建国路	Jianguo Road	大望桥	Dawangqiao	大北窑桥	Dabeiyaoqiao	1.4
建国门内大街	Jianguomen Inner Street	建国门桥	Jianguomenqiao	东单北大街	Dongdan North Street	1.5

3-5 （续表五）

路线名称	Route Name	起点名称	From	终点名称	To	通车里程（公里）Mileage (km)
建国门外大街	Jianguomen Outer Street	大北窑桥	Dabeiyaoqiao	建国门桥	Jianguomenqiao	2.3
姜庄路	Jiangzhuang Road	北湖渠西路（鼎城路）	Beihuqu West Road (Dingcheng Road)	南湖渠西路	Nanhuqu West Road	1.4
交道口东大街	Jiaodaokou East Street	北新桥路口	Beixinqiao Crossing	交道口路口	Jiaodaokou Crossing	0.7
金顶西街	Jinding West Street	金顶北路	Jinding North Road	金顶南路西口（阜石路）	Jinding South Road West Exit (Fushi Road)	0.6
金台路	Jintai Road	朝阳北路	Chaoyang North Road	朝阳路	Chaoyang Road	0.8
金榆路	Jinyu Road	机场第二高速	Second Airport Expressway	朝阳北路	Chaoyang North Road	10.2
金盏路	Jinzhan Road	机场第二高速	Second Airport Expressway	东苇路	Dongwei Road	2.4
劲松路	Jinsong Road	劲松桥	Jinsong Bridge	光明桥	Guangmingqiao	1.4
京良路	Jingliang Road	京开路	Jingkai Road	优龙路	Youlong Road	5.4
京门新线	Jingmen New Line	京门公路与五里坨西一路交叉口	Intersection of Jingmen Highway and Wulituo West Road	京门新线 2 号桥东	Jingmen New Line No. 2 Bridge East	1.6
京顺路	Jingshun Road	孙河大桥北	Sunhe Bridge North	三元桥	Sanyuanqiao	14.0
静安西街	Jing'an West Street	北三环东路	North 3rd Ring Road East	七圣南路	Qisheng South Road	0.6
酒仙桥路	Jiuxianqiao Road	京顺路	Jingshun Road	东风南路	Dongfeng South Road	4.4
酒仙桥南路	Jiuxianqiao South Road	酒仙桥路	Jiuxianqiao Road	东四环路	East 4th Ring Road	0.9
巨山路	Jushan Road	阜宝山中街	Fubaoshan Middle Street	阜石路	Fushi Road	0.5
巨山路	Jushan Road	永定河引水渠	Yongding River Diversion Canal	阜宝山中街	Fubaoshan Middle Street	1.3
开阳路	Kaiyang Road	开阳桥	Kaiyangqiao	万芳桥	Wanfangqiao	1.5
看丹南路	Kandan South Road	外环西路	Waihuan West Road	榆树庄东路	Yushuzhuang East Road	2.0
康营东路	Kangying East Road	京平高速	Jingping Expressway	机场高速	Airport Express	1.4
科技大道	Keji Avenue	西四环南路	West 4th Ring South Road	丰草河	Fengcao River	1.1
科荟路	Kehui Road	北苑路	Beiyuan Road	八达岭高速	Badaling Expressway	4.7

3–5 （续表六）

路线名称 Route Name		起点名称 From		终点名称 To		通车里程（公里）Mileage (km)
来广营西路	Laiguangying West Road	来广营南路	Laiguangying South Road	五环路	5th Ring Road	2.2
蓝靛厂北路河东	Landian Factory North Road, Easton	火器营桥	Huoqiyingqiao	长春桥	Changchunqiao	2.1
蓝靛厂北路河西	Landian Factory North Road, Weston	火器营桥	Huoqiyingqiao	长春桥（长春桥南深槽路段终点）	Changchunqiao (the End of Changchun Bridge South Underpass)	2.2
蓝靛厂南路河东	Landian Factory North Road, Easton	长春桥	Changchunqiao	西翠路北桥北伸缩缝	North Bridge Expansion Joint of Xicui Road North	4.5
蓝靛厂南路河西	Landian Factory South Road, Weston	长春桥（长春桥南深槽路段终点）	Changchunqiao (the End of Changchun Bridge South Underpass)	翠微路口北（阜成路立交桥南深槽路段终点）	Cuiwei Crossing North (the End of Fucheng Road Bridge South Underpass)	3.8
丽泽路	Lize Road	菜户营桥	Caihuyingqiao	丽泽桥	Lize Bridge	3.0
亮马桥路	Liangmaqiao Road	东四环路	East 4th Ring Road	东三环路	East 3rd Ring Road	2.5
林萃路	Lincui Road	五环路	5th Ring Road	大屯路	Datun Road	2.3
玲珑路	Linglong Road	花园桥	Huayuanqiao	西四环	West 4th Ring Road	3.0
榴乡路	Liuxiang Road	南三环	South 3rd Ring Road	庑殿路出口	Wudian Road Exit	3.6
鲁谷东路	Lugu East Road	石景山路	Shijingshan Road	八宝山南路	Babaoshan South Road	2.1
骡马市大街	Luomashi Street	虎坊桥	Hufangqiao	菜市口	Caishikou	0.9
马家堡东路	Majiapu East Road	陶然亭桥	Taorantingqiao	大红门西路	Dahongmen West Road	3.5
马家堡西路	Majiapu West Road	万芳桥	Wanfangqiao	南四环路	South 4th Ring Road	2.8
马连道北路	Maliandao North Road	广莲路	Guanglian Road	广安门外大街	Guang'anmen Outer Street	0.4
马连洼北路	Malianwa North Road	信息路	Xinxi Road	黑山扈路	Heishanhu Road	3.8
毛纺路	Maofang Road	小营西路	Xiaoying West Road	南滨河路	Nanbinhe Road	1.3
梅市口路	Meishikou Road	莲花池西路	Lianhuachi West Road	五环	5th Ring Road	3.7
南蜂窝路	Nanfengwo Road	莲花池东路	Lianhuachi East Road	广莲路	Guanglian Road	0.3
南宫南路	Nangong South Road	大灰厂路	Dahuichang Road	铁匠营村北口（京石高速）	Tiejiangyingcun North Exit (Jingshi Expressway)	2.9

3-5 （续表七）

路线名称 Route Name		起点名称 From		终点名称 To		通车里程（公里）Mileage (km)
南马连道路	Nanmaliandao Road	广安门南滨河路	Guang'anmen Nanbinhe Road	莲花河	Lianhua River	0.6
南磨房路	Nanmofang Road	窑洼湖桥	Yaowahuqiao	劲松桥	Jinsongqiao	2.5
南新华街	Nanxinhua Street	宣武门东大街	Xuanwumen East Street	骡马市大街	Luomashi Street	1.2
南苑路	Nanyuan Road	木樨园桥	Muxiyuanqiao	警备东路	Jingbei Road	6.0
牛街	Niujie Street	广安门内大街	Guang'anmen Inner Street	南横西街	Nanheng West Street	0.7
农大南路	Nongda South Road	信息路	Xinxi Road	圆明园西路	Yuanmingyuan West Road	1.7
农展馆南路	Nongzhanguan South Road	朝阳公园西路	Chaoyang Park West Road	长虹桥	Changhongqiao	0.9
平安里西大街	Ping'anli West Street	西四北大街	Xisi North Street	官园桥	Guanyuanqiao	1.4
蒲黄榆路	Puhuangyu Road	玉蜓桥	Yutingqiao	刘家窑桥	Liujiayaoqiao	1.5
前门大街	Qianmen Street	前门箭环路	Qianmen Ring Road	永安路	Yong'an Road	1.4
前门东大街	Qianmen East Street	台基厂大街	Taijichang Street	广场西侧路	Guangchang West Side Road	1.3
前门箭环路	Qianmen Ring Road	前门东大街	Qianmen East Street	前门西大街	Qianmen West Street	0.5
前门西大街	Qianmen West Street	人大东侧路	Renda East Side Road	宣武门东大街	Xuanwumen East Street	1.0
青年路	Qingnian Road	平房新村北街	Pingfangxincun North Street	姚家园路	Yaojiayuan Road	2.7
清华东路	Tsinghua East Road	双清路	Shuangqing Road	八达岭高速	Badaling Expressway	2.8
人大东侧路	Renda East Side Road	西长安街	West Chang'an Street	前门西大街	Qianmen West Street	0.8
人大西侧路	Renda West Side Road	西长安街	West Chang'an Street	前门西大街	Qianmen West Street	1.0
人民大会堂南侧路	South Side Road of the Great Hall of the People	人民大会堂东侧路	East Side Road of the Great Hall of the People	人民大会堂西侧路	West Side Road of the Great Hall of the People	0.3
三里河东路	Sanlihe East Road	阜成门外大街	Fuchengmen Outer Street	复兴门外大街	Fuxingmen Outer Street	1.8
三里河路	Sanlihe Road	西外大街	Xiwai Street	复兴门外大街	Fuxingmen Outer Street	3.5
上地村西路	Shangdi Village West Road	东北旺北路	Dongbeiwang East Road	西北旺南路	Xibeiwang South Road	1.2
上庄大街	Shangzhuang Street	阜石路	Fushi Road	石景山路	Shijingshan Road	2.1

3-5 （续表八）

路线名称 Route Name		起点名称 From		终点名称 To		通车里程（公里） Mileage (km)
石景山路	Shijingshan Road	玉泉路	Yuquan Road	北辛安路	Beixin'an Road	6.9
石榴庄路	Shiliuzhuang Road	成寿寺路	Chengshousi Road	南苑路	Nanyuan Road	3.9
石门路	Shimen Road	隆恩寺路（五里坨西路）	Longensi Road (Wulituo West Road)	金顶北路	Jinding North Road	4.6
手帕口北街	Shoupakou North Street	莲花池东路	Lianhuachi East Road	广安门外大街	Guang'anmen Outer Street	0.9
首体南路	Shouti South road	西直门外大街	Xizhimen Outer Street	阜成路	Fucheng Road	1.7
曙光西路	Shuguang West Road	北四环东路	North Fourth Ring Road East	三元西桥	Sanyuanxiqiao	1.8
双龙路	Shuanglong Road	东四环（四方桥）	East Fourth Ring (Sifangqiao)	西大望路	West Dawang Road	1.0
松榆南路	Songyu South Road	西大望路	West Dawang Road	东三环（华威桥）	East 3rd Ring Road (Huaweiqiao)	1.4
太平街	Taiping Street	北纬路	Beiwei Road	陶然亭桥	Taorantingqiao	1.4
太平桥大街	Taipingqiao Street	白塔寺	Baita Temple	复兴门内大街	Fuxingmen Inner Street	2.1
太阳宫南街	Taiyanggong South Street	太阳宫中路	Taiyanggong Middle Road	京承高速	Jingcheng Expressway	1.1
陶然亭路	Taoranting Road	太平街	Taiping Street	中央戏曲学院	Central Opera School	1.6
体育馆路	Tiyuguan road	左安门内大街	Zuo'anmen Inner Street	天坛东路	Tiantan East Road	1.2
天桥南大街	Tianqiao South Street	永安路	Yongan Road	南纬路	Nanwei Road	0.6
天坛东路	Tiantan East Road	天坛路	Tiantan Road	玉蜓桥	Yutingqiao	1.8
甜水园街	Tianshuiyuan Street	朝阳公园南路	Chaoyang Park South Road	朝阳北路	Chaoyang North Road	1.2
万丰路	Wanfeng Road	莲花池西路	Lianhuachi West Road	丰台北路	Fengtai North Road	3.5
万寿路	Wanshou Road	阜成路立交桥南深槽路段终点	The End of Fucheng Road Flyover South Underpass	莲花池西路	Lianhuachi West Road	2.4
万寿路南延	South Extension of Wanshou Road	南四环路	South 4th Ring Road	金星路	Jinxing Road	7.6
望京北路	Wangjing North Road	溪阳东路	Xiyang East Road	南湖北路	Nanhu North Road	2.5
望京东路	Wangjing East Road	宏泰东街	Hongtai East Street	广顺南大街	Guangshun South Street	1.1
望京新干线	Wangjing Superexpress Line	宏泰东街	Hongtai East Street	阜通西大街	Futong West Street	0.4

3-5 （续表九）

路线名称 Route Name		起点名称 From		终点名称 To		通车里程（公里） Mileage (km)
魏公村路	Weigongcun Road	中关村南大街	Zhongguancun South Street	西三环北路	West 3rd Ring Road North	1.3
温阳路	Wenyang Road	沙阳路	Shayang Road	温北路	Wenbei Road	8.8
文津街	Wenjin Street	北长街	Beichang Street	府右街	Fuyou Street	0.8
五四大街	Wusi Street	美术馆东街	Meishuguan East Street	北池子大街	Beichizi Street	0.7
西长安街	West Chang'an Street	人大东侧路	Renda East Side Road	西单	Xidan	1.8
西大望路	Xidawang Road	朝阳路	Chaoyang Road	弘燕东路	Hongyan East Road	5.3
西单北大街	Xidan North Street	大酱房	Dajiangfang	西长安街	West Chang'an Street	1.3
西三旗东路	Xisanqi East Road	建材城西路	Jiancaicheng West Road	永泰庄北路	Yongtaizhuang North Road	2.7
西四北大街	Xisi North Street	地安门西大街	Di'anmen West Street	西四东大街	Xisi East Street	1.0
西四东大街	Xisi East Street	皇城根北街	Huangchenggen North Street	西四	Xisi	0.3
西四南大街	Xisi South Street	西四	Xisi	大酱坊	Dajiangfang	0.6
西直门内大街	Xizhimen Inner Street	新街口南大街	Xinjiekou South Street	西直门	Xizhimen	1.5
香河园路	Xiangheyuan Road	三元桥	Sanyuanqiao	东二环	East 2nd Ring Road	2.3
霄云路	Xiaoyun Road	东四环路	East 4th Ring Road	三元东桥	Sanyuandongqiao	2.0
小屯路	Xiaotun Road	莲石路	Lianshi Road	京石辅路	Side Road of Jingshi Expressway	3.6
小营东路	Xiaoying East Road	育慧北路	Yuhui North Road	小营路	Xiaoying Road	0.5
小营西路	Xiaoying West Road	小营路	Xiaoying Road	北苑路	Beiyuan Road	0.6
辛店村立交道路	Xindiancun Flyover Road	京承高速路东	Jingcheng Expressway East	新北路	Xinbei Road	0.5
辛店村路西延（石板房南路）	South Extension of Xindiancun Road (Shibanfang South Road)	八达岭高速	Badaling Expressway	学清路	Xueqing Road	0.8
辛店路	Xindian Road	京承高速	Jingcheng Expressway	北苑路	Beiyuan Road	1.9
新东路	Xindong Road	香河园路	Xiangheyuan Road	工人体育场北路	Workers Stadium North Road	2.2
新街口北大街	Xinjiekou North Street	积水潭桥	Jishuitanqiao	西直门内大街	Xizhimen Inner Street	0.9

3-5 （续表十）

路线名称 Route Name		起点名称 From		终点名称 To		通车里程（公里）Mileage (km)
新街口南大街	Xinjiekou South Street	西直门内大街	Xizhimen Inner Street	地安门西大街	Di'anmen West Street	0.9
新街口外大街	Xinjiekou Outer Street	北三环	North 3rd Ring Road	北二环	North 2nd Ring Road	2.1
新康路	Xinkang Road	德外大街	Dewai Street	新外大街	Xinwai Street	0.7
新永定门外大街	Xinyongdingmen Outer Street	永定门桥	Yongdingmenqiao	木樨园桥	Muxiyuanqiao	1.7
信息路	Xinxi road	西二旗南路（上地八街）	Xi'erqi South Road (Shangdi 8th Street)	清河（厢白旗桥）	Qinghe (Xiangbaiqiqiao)	3.6
星火西路	Xinghuo West Road	酒仙桥路（东风南路）	Jiuxianqiao Road (Dongfeng South Road)	姚家园路	Yaojiayuan Road	2.0
杏石口路	Xingshikou Road	西四环	West 4th Ring Road	香山南路	Xiangshan South Road	5.6
宣武门东大街	Xuanwumen East Street	前门西大街	Qianmen West Street	宣武门西口	Xuanwumen West Exit	0.8
宣武门内大街	Xuanwumen Inner Street	复兴门内大街	Fuxingmen Inner Street	宣武门西大街	Xuanwumen West Street	0.8
宣武门外大街	Xuanwumen Outer Street	宣武门	Xuanwumen	菜市口大街	Caishikou Street	1.2
宣武门西大街	Xuanwumen West Street	宣武门内大街	Xuanwumen Inner Street	莲花池东路	Lianhuachi East Road	2.2
学清路	Xueqing Road	昌平路（五环）	Changping Road (5th Ring Road)	清华东路	Tsinghua East Road	2.3
学院路（主干）	Xueyuan Road (Artery)	清华东路	Tsinghua East Road	北四环中路中	Center of North 4th Ring Middle Road	1.6
学院南路	Xueyuan South Road	新街口外大街	Xinjiekou Outer Street	中关村南大街	Zhongguancun South Street	4.1
杨庄大街	Yangzhuang Street	苹果园南路	Pingguoyuan South Road	古城大街	Gucheng Street	0.3
姚家园新路	Yaojiayuan New Road	东坝中路	Dongba Middle Road	四环中	4th Ring Road Center	5.1
颐和园路	Summer Palace Road	北四环路	North 4th Ring Road	香山路	Xiangshan Road	4.8
樱花园东街	Yinghuayuan East Street	太阳宫路	Taiyanggong Road	和平东桥	Hepingdongqiao	0.9
樱花园西街	Yinghuayuan West Street	太阳宫路	Taiyanggong Road	和平西桥	Hepingxiqiao	0.9

3-5 （续表十一）

路线名称 Route Name		起点名称 From		终点名称 To		通车里程（公里）Mileage (km)
雍和宫大街	Yonghe Lama Temple Street	雍和宫桥	Yonghe Lama Temple Bridge	北新桥路口	Beixinqiao Crossing	0.9
永定门内大街	Yongdingmen Inner Street	南纬路	Nanwei Road	永定门桥	Yongdingmenqiao	1.1
永丰路	Yongfeng Road	北清路	Beiqing Road	农大北路	Nongda North Road	5.3
右安门内大街	You'anmen Inner Street	南横西街	Nanheng West Street	右安门桥	You'anmenqiao	1.6
玉泉路	Yuquan Road	阜石路	Fushi Road	莲石东路	Lianshi East Road	3.1
育慧东路	Yuhui East Road	鼎成路	Dingcheng Road	育慧北路	Yuhui North Road	0.6
裕民中路	Yumin Middle Road	裕民路	Yumin Road	北三环中路	North 3rd Ring Road Middle	0.5
园博大道（京周公路新线）	Yuanbo Avenue (New Line of Jingzhou Highway)	大灰厂东路	Dahuichang East Road	杜家坎环岛	Dujiakan Roundabout	6.7
园博园南路	Yuanboyuan South Road	五环	5th Ring Road	长兴路	Changxing Road	4.6
圆明园西路	Yuanmingyuan West Road	马连洼北路	Malianwa North Road	肖家河桥北伸缩缝	Xiaojiaheqiao North Expansion Joint	2.7
远大路	Yuanda Road	长春桥	Changchunqiao	西四环	West 4th Ring Road	1.6
皂君庙路	Zaojunmiao Road	北三环西路	North 3rd Ring Road West	学院南路	Xueyuan South Road	1.1
展览馆路	Zhanlanguan Road	西外南街	Xiwai South Street	阜外大街	Fuwai Street	1.7
展西路	Zhanxi Road	高梁桥路	Gaoliangqiao Road	展览馆路	Zhanlanguan Road	2.2
张仪村路	Zhangyicun Road	吴家村路	Wujiacun Road	京石高速右辅路	Right Side Road of Jingshi Expressway	3.7
张自忠路	Zhang Zizhong Road	东四北大街	Dongsi North Street	美术馆后街	Meishuguan Back Street	0.7
赵登禹路	Zhao Dengyu Road	西直门内大街	Xizhimen Inner Street	阜成门内大街	Fuchengmen Inner Street	1.9
知春路	Zhichun Road	学院路	Xueyuan Road	海淀南路	Haidian South Road	3.1
志新东路	Zhixin East Road	志新路	Zhixin Road	志新桥	Zhixinqiao	0.7
志新路	Zhixin Road	八达岭高速	Badaling Expressway	志新东路	Zhixin East Road	0.8
志新路	Zhixin Road	志新东路	Zhixin East Road	学院路	Xueyuan Road	1.4
中关村北大街	Zhongguancun North Street	体院西桥	Tiyuanxiqiao	北四环西路	North 4th Ring Road West	4.0

3-5 （续表十二）

路线名称 Route Name		起点名称 From		终点名称 To		通车里程（公里）Mileage (km)
中关村大街	Zhongguancun Street	北四环西路	North 4th Ring Road West	北三环西路	North 3rd Ring Road West	2.1
中关村东路	Zhongguancun East Road	双清路	Shuangqing Road	北三环联想桥	North Third Ring Road Lianxiangqiao	3.1
中关村南大街	Zhongguancun South Street	北三环西路	North 3rd Ring Road West	西直门外大街	Xizhimen Outer Street	3.2
珠市口东大街	Zhushikou East Street	崇文门外大街	Chongwenmen Outer Street	前门大街	Qianmen Street	1.8
珠市口西大街	Zhushikou West Street	前门大街	Qianmen Street	虎坊桥	Hufangqiao	1.2
紫竹院路（主干）	Zizhuyuan Road (Artery)	紫竹院桥西	Zizhuyuanqiao West	四季青桥	Sijiqingqiao	3.3
和平里北街	Hepingli North Street	柳芳北街	Liufang North Street	青年湖北街	Qingnianhu North Street	0.2
北苑东路	Beiyuan East Road	清河南侧滨河路	Qinghe South Binhe Road	北五环（外环）	North 5th Ring Road(Outer Ring)	1.6
东坝河中路	Dongbahe Middle Road	坝河北路	Bahe North Road	新姚家园路	Xinyaojiayuan Road	3.3
阜通西大街	Futong West Street	阜安路	Fu'an Road	望京西路	Wangjing West Road	0.9
红军营南路	Hongjunying South Road	北苑东路	Beiyuan East Road	安立路	Anli Road	1.0
清苑路	Qingyuan Road	春华路	Chunhua Road	红军营南路	Hongjunying South Road	0.9
曙光西路	Shuguang West Road	北四环东路	North 4th Ring Road East	三元西桥	Sanyuanxiqiao	0.2
辛店路	Xindian Road	京承高速	Jingcheng Expressway	北苑路	Beiyuan Road	1.6
板井路	Banjing Road	车道沟桥	Chedaogouqiao	西四环	West 4th Ring Road	1.6
成府路	Chengfu Road	学院路	Xueyuan Road	中关村北大街	Zhongguancun North Street	3.2
旱河路	Hanhe road	香泉环岛	Xiangquan Roundabout	阜石路	Fushi Road	5.6
黑泉路	Heiquan Road	西小口路	Xixiaokou Road	林萃桥	Lincuiqiao	2.0
巨山路	Jushan Road	杏石口路	Xingshikou Road	阜石路	Fushi Road	2.4
农大南路	Nongda South Road	信息路	Xinxi road	圆明园西路	Yuanmingyuan West Road	1.0
前屯南路	Qiantun South Road	西三旗东路	Xisanqi East Road	前屯西路	Qiantun West Road	0.4

3-5 （续表十三）

路线名称 Route Name		起点名称 From		终点名称 To		通车里程（公里）Mileage (km)
万安东路	Wan'an East Road	北坞村路	Beiwucun Road	旱河路	Hanhe Road	1.5
永丰路北段	North Section of Yongfeng Road	崔家窑路	Cuijiayao Road	北清路	Beiqing Road	2.4
玉泉山路	Yuquanshan Road	北坞村路	Beiwucun Road	香泉环岛	Xiangquan Roundabout	3.0
大灰厂路	Dahuichang Road	廊坡顶西	Langpoding West	云岗路	Yungang Road	6.2
梅市口路	Meishikou Road	莲花池西路	Lianhuachi West Road	五环	5th Ring Road	2.9
南宫南路	Nangong South Road	大灰厂路	Dahuichang Road	铁匠营村北口（京石高速）	Tiejiangyingcun North Exit (Jingshi Expressway)	1.0
杨庄大街	Yangzhuang Street	苹果园南路	Pingguoyuan South Road	古城大街	Gucheng Street	0.8
二环路辅路	Side Road of 2nd Ring Road	–	–	–	–	32.7
三环路辅路	Side Road of 3rd Ring Road	–	–	–	–	48.3
四环路辅路	Side Road of 4th Ring Road	–	–	–	–	65.3
菜户营南路辅路	Side Road of Caihuying South Road	菜户营桥	Caihuyingqiao	京开路	Jingkai Road	2.1
京藏高速辅路	Side Road of Jingzang Expressway	西三旗桥北	Xisanqiqiao North	北三环中路	North 3rd Ring Middle Road	11.2
德胜门外大街辅路	Side Road of Deshengmen Outer Street	北三环	North 3rd Ring Road	北二环	North 2nd Ring Road	2.3
东北城角联络线辅路	Side Road of Northeast Chengjiao Contact Line	三环内环辅路	3rd Ring Inner Ring Auxiliary Road	新东路	Xindong Road	1.1
丰台北路辅路	Side Road of Fengtai North Road	丽泽桥东	Lizeqiao East	四环路	4th Ring Road	2.8
丰体南路辅路	Side Road of Fengti South Road	四环路	4th Ring Road	京石高速	Jingshi Expressway	2.2
阜石路辅路	Side Road of Fushi Road	西四环辅路（外侧）	Side Road of West 4th Ring Road (Outside)	双峪路	Shuangyu Road	15.2
机场二通道辅路	Side Road of Airport Channl 2	K000+000	K000+000	姚家园路左侧辅路	Left Side Road of Yaojiayuan Road	6.6

3-5 （续表十四）

路线名称	Route Name	起点名称	From	终点名称	To	通车里程（公里）Mileage (km)
姚家园路辅路	Side Road of Yaojiayuan Road	管庄路（焦庄桥）	Guanzhuang Road (Jiaozhuangqiao)	平房桥西	Pingfangqiao West	6.1
机场高速辅路	Side Road of Airport Expressway	机场道口	Airport Crossing	大山子桥	Dashanziqiao	12.3
京承高速侧辅路	Side Road of Jingcheng Expressway	望和桥	Wangheqiao	北三环东路	North 3rd Ring East Road	2.8
京榆路辅路	Side Road of Jingyu Road	西马庄收费站	Ximazhuang Toll Gate	八里桥	Baliqiao	2.0
京开高速辅路	Side Road of Jingkai Expressway	玉泉营桥	Yuquanyingqiao	九龙山庄	Jiulongshanzhuang	4.9
京沈高速辅路	Side Road of Jingshen Expressway	辛庄路立交	Xinzhuang Road Flyover	四方桥	Sifangqiao	7.5
京港澳辅路	Side Road of Jinggang'ao Expressway	张仪村	Zhangyi Village	西五环路	West 5th Ring Road	6.2
京通快速辅路	Side Road of Jingtong Rapid Road	京承立交	Jingcheng Flyover	大望桥西	Dawangqiao West	13.7
莲花池东路辅路	Side Road of Lianhuachi East Road	天宁寺桥	Tianningsiqiao	莲花桥	Lianhuaqiao	3.7
莲花池西路辅路	Side Road of Lianhuachi West Road	莲花桥西	Lianhuaqiao West	金家村桥西出口	Jinjiacunqiao West Exit	2.8
莲石东路辅路	Side Road of Lianshi East Road	西四环中路	West 4th Ring Middle Road	重型机械厂西路	Heavy Machinery Factory West Road	5.2
通惠河北路辅路	Side Road of Tonghuihe North Road	东四环	East 4th Ring Road	东二环	East 2nd Ring Road	4.5
万泉河路辅路	Side Road of Wanquanhe Road	颐和园路	Summer Palace Road	北三环西路	North 3rd Ring West Road	5.0
北五环（内环）辅路	Side Road of North 5th Ring Road(Inner Ring)	顾庄过街天桥	Guzhuang Overpass	八达岭辅路（水源九厂专用路）	Badaling Side Road (Special Road for Shuiyuan 9th Factory)	3.3
北五环（外环）辅路	Side Road of North 5th Ring Road(Outer Ring)	北苑东路	Beiyuan East Road	八达岭辅路（水源九厂专用路）	Badaling Side Road (Special Road for Shuiyuan 9th Factory)	3.7
五方立交辅路3	Side Road 3 of Wufang Flyover	王四营仓库	Wangsiying Warehouse	京沈北侧辅路	North Side Road of Jingshen Expressway	0.2
五方立交辅路4	Side Road 4 of Wufang Flyover	明渠	Mingqu Channel	京沈北侧辅路	North Side Road of Jingshen Expressway	0.2
五环路大羊坊立交辅路 1	Side Road 1 of Dayangfang Flyover, 5th Ring Road	北京博展国际	Beijing Bozhan International	过街天桥	Overpass	0.5

3-5 （续表十五）

路线名称 Route Name		起点名称 From		终点名称 To		通车里程（公里）Mileage (km)
五环路大羊坊立交辅路 2	Side Road 2 of Dayangfang Flyover, 5th Ring Road	大羊坊路	Dayangfang Road	亦庄路口	Yizhuang Crossing	1.1
五环路大羊坊立交辅路 3	Side Road 3 of Dayangfang Flyover, 5th Ring Road	大羊坊桥北侧	Dayangfangqiao North	大羊坊桥南侧	Dayangfangqiao South	0.1
五环平房立交道路 1 号辅路	Side Road of Pingfang Flyover, 5th Ring Road No.1	平房路	Pingfang Road	姚家园路	Yaojiayuan Road	0.5
五环平房立交道路 2 号辅路	Side Road of Pingfang Flyover, 5th Ring Road No.2	平房路	Pingfang Road	姚家园路	Yaojiayuan Road	0.3
五环平房立交道路 3 号辅路	Side Road of Pingfang Flyover, 5th Ring Road No.3	平房村	Pingfang Village	姚家园路	Yaojiayuan Road	0.02
五环平房立交道路 4 号辅路	Side Road of Pingfang Flyover, 5th Ring Road No.4	五环平房立交道路 1 号	Pingfang Bridge, 5th Ring Road No.1	姚家园路	Yaojiayuan Road	0.1
西五环中路辅路	Side Road of 5th Ring Middle Road West Side Road	朝阳医院京西院区	Chaoyang Hospital Jingxi Campus	石景山路	Shijingshan Road	0.4
西土城路	Xitucheng Road	北土城西路	Beitucheng West Road	学院南路	Xueyuan South Road	2.1
土城西侧路	Tucheng West Side Road	知春路	Zhichun Road	学院南路	Xueyuan South Road	2.3
西直门北大街辅路	Side Road of Xizhimen North Street	明光桥	Mingguang Flyover	西直门桥	Xizhimenqiao	1.6
西直门外大街辅路	Side Road of Xizhimen Outer Street	西直门桥	Xizhimen Flyover	白石立交桥	Baishi Flyover	2.3
学院路辅路	Side Road of Xueyuan Road	清华东路	Tsinghua East Road	北土城西路	Beitucheng West Road	1.1
紫竹院路辅路	Side Road of Zizhuyuan Road	白石新桥	Baishixinqiao	紫竹院桥西	Zizhuyuanqiao West	1.4
京昆联络线辅路	Side Road of Jingkun Contact Line	左堤路	Zuodi Road	京石高速公路	Jingshi Expressway	8.9

主要统计指标解释

城市道路里程： 指报告期末，城市中供车辆、行人通行的，有交通功能的各种铺装道路和土路的实际长度。计量单位：公里。

统计分组：按城市道路的功能分为：快速路、主干路、次干路、支路及以下。

快速路：指城市道路中设有中央分隔带，具有四条以上的车道，全部或部分采用立体交叉与控制出入，供车辆以较高的速度行驶的道路。

主干路：指在城市道路网中起骨架作用的道路。

次干路：指城市道路网中的区域性干路，与主干路相连接，构成完整的城市干路系统。

支路及以下城市道路包括：(1) 城市道路网中干路以外，联系次干路或供区域内部使用的道路；(2) 在城市范围内，全路或大部分地段两侧建有各式建筑物，设有人行道和各种市政公用设施的道路。

城市道路面积： 指报告期末，城市中供车辆、行人通行的，有交通功能的各种铺装道路和土路的实际面积。计量单位：万平方米。

统计分组：同城市道路里程分组。

城市步道长度： 指报告期末，城市中专供行人通行的，有交通功能的各种铺装道路和土路的实际长度。城市步道长度亦称为城市人行道长度。计量单位：公里。

统计分组：同城市道路里程分组。

城市步道面积： 指报告期末，城市中专供行人通行的，有交通功能的各种铺装道路和土路的实际面积。城市步道面积亦称为城市人行道面积。计量单位：万平方米。

统计分组：同城市道路里程分组。

城市桥梁数量： 指报告期末，城市道路中为跨越天然或人工障碍物而修建的构筑物数量，包括立交桥数量、跨河桥数量、跨铁路桥数量等。计量单位：座。

计算方法：不同道路上的互通立交桥只计一次，原则上计入道路等级高的道路。如连通快速路和主干路的互通立交桥，计入快速路。桥梁长度和面积也按此规定计算。

城市人行天桥数量： 指报告期末，城市道路中为行人横穿车行道而修建的跨越道路的天桥数量。计量单位：座。

城市人行地道数量： 指报告期末，城市道路中为行人横穿车行道而修建的穿越道路的地道数量。计量单位：处。

Explanatory Notes on Main Statistical Indicators

Length of urban road refers to the actual length of paved roads and unsurfaced road in the city for vehicles and pedestrians at the end of the report. Unit: km.

Statistical scope: Urban roads and highways are delimited by the boundary line of urban planning area, and counted according to the actual administrative authority of urban road administrative departments and highway administrative departments.

Statistical grouping: Divided into rapid road, trunk road, secondary trunk road, branch road and below by functions.

Rapid road refers to roads in which there is a central dividing strip with more than four lanes, all or part of which dimensional crossing structure and control access is used for vehicles to travel at a high speed.

Trunk road refers to the roads that plays the role of skeleton in the urban road network.

Secondary Trunk Road refers to the regional trunk road in the road network, which is connected with the trunk road to form a complete urban trunk road system.

Branch road and below include : (1) Roads besides the trunk roads in the road network that connect secondary trunk roads or is for internal use within the region; (2) Roads in urban areas where various buildings, pavements and municipal utilities are built on both sides.

Area of urban road refers to the actual area of paved roads and unsurfaced road in the city for vehicles and pedestrians at the end of the report. Unit: 10 000 sq. ms.

Statistical grouping: the same as length of urban road.

Length of urban footpath refers to the actual length of paved roads and unsurfaced roads in the city only for pedestrians at the end of the report. It is also known as the length of urban sidewalk. Unit: km.

Statistical grouping: the same as length of urban road. Unit: km.

Area of urban footpath refers to the actual area of paved roads and unsurfaced roads in the city only for pedestrians at the end of the report. It is also known as the area of urban sidewalk. Unit: 10 000 sq. ms.

Statistical grouping: The same as length of urban road.

Number of urban bridges refers to the number of structures built for crossing natural or man–made obstacles in urban roads at the end of the report, including the number of flyovers, river bridges and railway bridges. Unit: unit.

Number of urban pedestrian overcrossing refers to the number of overcrossing built for pedestrians to cross the roadway at the end of the report. Unit: unit.

Number of urban pedestrian underpass refers to the number of underpass built for pedestrians to cross the roadway at the end of a report. Unit: unit.

四、旅客运输

PASSENGER TRANSPORTATION

简 要 说 明
Brief Introduction

一、本篇资料反映北京市交通运输发展的基本情况，主要包括：轨道交通、公共电汽车、出租汽车、出租汽车省际客运、旅游客运、郊区客运、汽车租赁、机动车维修及汽车综合性能检测站情况。

二、北京市公路客运包括省际客运、旅游客运和郊区客运。

Ⅰ. Statistics in this chapter reflects the basic situation of transportation development of Beijing, mainly including rail transit,buses,interprovincial passenger transportation of taxies, tourist passenger transportation, suburban passenger transportation, vehicle rental, motor vehicle maintenance and synthetic vehicle performance test station,etc.

Ⅱ. Highway passenger transportation in Beijing includes interprovincial passenger transportation, tourist passenger transportation and suburban passenger transportation.

4-1 轨 道 交 通
Rail Transit

指标	Indicator	计量单位	Unit	数量 Number
运营车辆	**Operating Vehicles**	–	–	–
运营车数	Number of Operating Vehicles	辆	vehicle	5 204
标准运营车数	Number of Standard Operating Vehicles	标台	Standard-vehicle	13 010
编组列数	Number of Columns	列	line	832
运营线路	**Operating Route**	–	–	–
运营线路条数	Number of Operating Route	条	route	19
运营线路总长度	Total Length of Operating Route	公里	km	574
运营服务	**Operation Service**	–	–	–
客运量	Passenger Traffic	万人次	Million person-time	365 934
旅客周转量	Turnover of Passenger Traffic	万人公里	10,000 person-km	3 171 149
运营里程	Operating Length	万车公里	10,000 train-km	54 305
从业人员	**Employees**	–	–	–
从业人员数	Number of Employees	人	person	41 071
其中：驾驶员人数	of which: Number of Drivers	人	person	5 527

4-2 轨道交通分线路运营情况
Operation of Rail Transit by Line

指标 Indicator		线路长度（公里）Line Length (km)	年客运总量（万人次）Annual Passenger Traffic (10 000 person-time)	早高峰时段进站量（万人次）Inbound Volume during Early Peak (10 000 person-time)	晚高峰时段进站量（万人次）Inbound Volume during Late Peak (10 000 person-time)	旅客周转量（万人公里）Turnover of Passenger Traffic (10 000 person-km)	日均客运量（万人次）Average Daily Passenger Traffic (10 000 person-time)	日均客运强度（万人次/公里）Average Daily Passenger Intensity (10 000/km)	日均平均运距（公里）Average Daily Transfer Distance (km)	高峰小时最大满载率（%）Maximum Load Factor of Peak Hour (%)	车站数（个）Number of Station	
												换乘站 Transfer Station
合　计	**Total**	**574**	**365 934**	**42 424**	**38 469**	**3 171 149**	**999.8**	**1.8**	**16.4**	–	**345**	**54**
1 号线	Line 1	31	40 094	3 395	4 323	309 492	109.5	3.5	7.7	103.8	23	10
2 号线	Line 2	23	35 462	2 549	4 192	182 218	96.9	4.2	5.1	69.4	18	10
4- 大兴线	4-Daixing Line	50	44 198	4 753	4 592	413 218	120.8	2.4	9.3	124.0	35	10
5 号线	Line 5	28	34 212	4 382	3 052	284 537	93.5	3.3	8.4	122.6	23	10
6 号线	Line 6	43	28 791	3 812	3 120	290 283	78.7	1.8	10.1	117.8	26	9
7 号线	Line 7	24	14 027	1 667	1 465	94 302	38.3	1.6	6.8	54.2	19	4
8 号线	Line 8	29	13 120	1 940	1 210	120 002	35.8	1.2	9.1	109.2	18	6
9 号线	Line 9	17	17 040	1 373	1 404	105 658	46.6	2.7	6.2	120.0	13	7
10 号线	Line 10	57	54 975	6 192	6 935	447 195	150.2	2.6	8.1	107.7	45	15
13 号线	Line 13	41	24 506	3 353	2 559	266 232	67.0	1.6	10.9	124.1	16	8
14 号线（东段）	Line 14 (East Section)	32	17 073	1 581	1 983	137 604	46.6	1.5	8.1	103.6	20	7
14 号线（西段）	Line 14 (West Section)	12	2 073	439	124	11 840	5.7	0.5	5.7	78.2	7	2
15 号线	Line 15	43	10 938	1 610	1 147	147 741	29.9	0.7	13.6	131.0	20	4
16 号线（北段）	Line 16 (North Section)	20	5	0	0	46	4.7	0.2	10.0	12.0	9	1
八通线	Batong line	19	10 140	1 973	742	103 671	27.7	1.5	10.2	136.7	13	2
昌平线	Changping Line	31	7 518	1 452	596	97 758	20.5	0.7	13.1	152.0	12	2
房山线	Fangshan Line	23	3 971	834	203	57 477	10.9	0.5	14.5	130.8	11	1
机场线	Airport line	28	1 193	103	196	29 121	3.3	0.1	24.4	107.0	4	2
亦庄线	Yizhuang Line	23	6 596	1 015	626	72 755	18.0	0.8	11.0	120.4	13	1

注：同一换乘站不重复计数。

Notice：No more repetition count on the same station.

4-3 前五位轨道交通站点及线路
Top Five Rail Transit Stations and Lines

一、日均进站量前五位的轨道交通车站
Top Five Rail Transit Stations in Terms of Average Daily Arrivals

排序 Sort	车站 Station		万人次 10 000 person-time
1	北京南站	Beijing South Railway Station	9
2	北京西站	Beijing West Railway Station	9
3	东直门	Dongzhimen	8
4	北京站	Beijing Railway Station	7
5	国贸	Guomao	7

二、日均换乘量前五位的轨道交通车站
Top Five Rail Transit Stations in Terms of Average Daily Transfer Volume

排序 Sort	换乘站 Transfer Station		万人次 10 000 person-time
1	西直门	Xizhimen	25
2	宋家庄	Songjiazhuang	21
3	惠新西街南口	Huixinxijie Nankou	16
4	呼家楼	Hujialou	15
5	建国门	Jianguomen	14

三、日均进站量前五位的轨道交通线路
Top Five Rail Transit Lines in Terms of Average Daily Arrivals

排序 Sort	线路 Line		万人次 10 000 person-time
1	10 号线	Line 10	83
2	4- 大兴线	4- Daxing Line	67
3	1 号线	Line 1	54
4	2 号线	Line 2	47
5	5 号线	Line 5	47

4-4 轨道交通运营线路换乘站
Transfer Station of Rail Transit Operating Lines

序号 No.	换乘站名称 Transfer Station		联接轨道交通运营线路 Operating Lines Connected	
1	公主坟站	Gongzhufen Station	1 号线、10 号线之间	Between Line 1 and Line 10
2	军事博物馆站	Military Museum Station	1 号线、9 号线之间	Between Line 1 and Line 9
3	复兴门站	Fuxingmen Station	1 号线、2 号线之间	Between Line 1 and Line 2
4	西单站	Xidan Station	1 号线、4 号线之间	Between Line 1 and Line 4
5	东单站	Dongdan Station	1 号线、5 号线之间	Between Line 1 and Line 5
6	建国门站	Jianguomen Station	1 号线、2 号线之间	Between line 1 and 2
7	国贸站	Guomao Station	1 号线、10 号线之间	Between Line 1 and Line 10
8	四惠站	Sihui Station	1 号线、八通线之间	Between Line 1 and Line 8
9	四惠东站	Sihui East Station	1 号线、八通线之间	Between Line 1 and Line 8
10	西直门站	Xizhimen Station	2 号线、4 号线、13 号线之间	Between Line 2, Line 4, Line 13
11	鼓楼大街站	Guloudajie Station	2 号线、8 号线之间	Between Line 2 and Line 8
12	雍和宫站	Yonghe Lama Temple Station	2 号线、5 号线之间	Between Line 2 and Line 5
13	东直门站	Dongzhimen Station	2 号线、13 号线、机场线之间	Between Line 2, Line 13, Airport Line
14	朝阳门站	Chaoyangmen Station	2 号线、6 号线之间	Between Line 2 and Line 6
15	崇文门站	Chongwenmen Station	2 号线、5 号线之间	Between Line 2 and Line 5
16	宣武门站	Xuanwumen Station	2 号线、4 号线之间	Between Line 2 and Line 4
17	车公庄站	Chegongzhuang Station	2 号线、6 号线之间	Between Line 2 and Line 6
18	海淀黄庄站	Haidianhuangzhuang Station	10 号线、4 号线之间	Between Line 10 and Line 4
19	知春路站	Zhichunlu Station	10 号线、13 号线之间	Between Line 10 and Line 13
20	北土城站	Beitucheng Station	10 号线、8 号线之间	Between Line 10 and Line 8
21	惠新西街南口站	Huixin Xijie Nanhou Station	10 号线、5 号线之间	Between Line 10 and Line 5
22	芍药居站	Shaoyaoju Station	10 号线、13 号线之间	Between Line 10 and Line 13
23	三元桥站	Sanyuanqiao Station	10 号线、机场线之间	Between Line 10 and Airport Line
24	呼家楼站	Hujialou Station	10 号线、6 号线之间	Between Line 10 and Line 6
25	宋家庄站	Songjiazhuang Station	10 号线、5 号线、亦庄线之间	Between Line 10, line 5 and Yizhuang Line
26	角门西站	Jiaomen West Station	10 号线、4 号线之间	Between Line 10 and Line 4
27	西局站	Xiju Station	10 号线、14 号线之间	Between Line 10 and Line 14

4-4 （续表一）

序号 No.	换乘站名称	Transfer Station	联接轨道交通运营线路	Operating Lines Connected
28	六里桥站	Liuliqiao Station	10号线、9号线之间	Between Line 10 and Line 9
29	慈寿寺站	Cishousi Station	10号线、6号线之间	Between Line 10 and Line 6
30	西二旗站	Xierqi Station	13号线、昌平线之间	Between Line 13 and Changping Line
31	霍营站	Huoying Station	13号线、8号线之间	Between Line 13 and Line 8
32	立水桥站	Lishuiqiao Station	13号线、5号线之间	Between Line 13 and Line 5
33	望京西站	Wangjing West Railway Station	13号线、15号线一期之间	Between Line 13 and Line 15 1st Stage
34	郭公庄站	Guogongzhuang Station	9号线、房山线之间	Between Line 9 and Fangshan Line
35	七里庄站	Qilizhuang Station	9号线、14号线之间	Between Line 9 and Line 14
36	北京西站站	Beijing West Railway Station	9号线、7号线之间	Between Line 9 and Line 7
37	白石桥南站	Baishiqiao South Station	9号线、6号线之间	Between Line 9 and Line 6
38	国家图书馆站	National Library Station	9号线、4号线之间	Between Line 9 and Line 4
39	平安里站	Ping'anli Station	6号线、4号线之间	Between Line 6 and Line 4
40	南锣鼓巷站	Nanluoguxiang Station	6号线、8号线之间	Between Line 6 and Line 8
41	东四站	Dongsi Station	6号线、5号线之间	Between Line 6 and Line 5
42	金台路站	Jintai Road Station	6号线、14号线之间	Between Line 6 and Line 14
43	菜市口站	Caishikou Station	7号线、4号线之间	Between Line 7 and Line 4
44	磁器口站	Ciqikou Station	7号线、5号线之间	Between Line 7 and Line 5
45	奥林匹克公园站	Olympic Green Station	8号线、15号线之间	Between Line 8 and Line 15
46	朱辛庄站	Zhuxinzhuang Station	8号线、昌平线之间	Between Line 8 and Changping Line
47	望京站	Wangjing Station	14号线、15号线之间	Between Line 14 and Line 15
48	大望路站	Dawanglu Station	14号线、1号线之间	Between Line 14 and Line 1
49	九龙山站	Jiulongshan Station	14号线、7号线之间	Between Line 14 and Line 7
50	十里河站	Shilihe Station	14号线、10号线之间	Between Line 14 and Line 10
51	蒲黄榆站	Puhuangyu Station	14号线、5号线之间	Between Line 14 and Line 5
52	北京南站站	Beijing South Railway Station	14号线、4号线之间	Between Line 14 and Line 4
53	大屯路东站	Datunlu East Station	15号线、5号线之间	Between Line 15 and Line 5
54	西苑站	Xiyuan Station	16号线、4号线之间	Between Line 16 and Line 4

4-5 公共电汽车
Public Trolley Buses

指标	Indicator	计量单位	Unit	数量 Number
运营车辆	Operating Vehicles	–	–	–
运营车数	Number of Operating Vehicles	辆	vehicle	22 688
其中：空调车	of which: Air-conditioned Vehicle	辆	vehicle	19 451
其中：安装卫星定位车载终端的车辆	of which: Equipped with Satellite Positioning Vehicle Terminals	辆	vehicle	22 688
其中：BRT 运营车辆	of which: BRT Operating Vehicles	辆	vehicle	368
运营车数按车长分：	By Vehicle Length:	–	–	–
≤ 5 米	≤ 5 meters	辆	vehicle	–
＞ 5 米且≤ 7 米	>5 meters and ≤ 7 meters	辆	vehicle	104
＞ 7 米且≤ 10 米	>7 meters and ≤ 10 meters	辆	vehicle	233
＞ 10 米且≤ 13 米	>10 meters and ≤ 13 meters	辆	vehicle	15 803
＞ 13 米且≤ 16 米	>13 meters and ≤ 16 meters	辆	vehicle	3 824
＞ 16 米且≤ 18 米	>16 meters and ≤ 18 meters	辆	vehicle	1 587
＞ 18 米	>18 meters	辆	vehicle	–
双层车	Double Decker	辆	vehicle	1 137
运营车数按燃料类型分：	By Type of Fuel	–	–	–
汽油车	Gasoline Vehicle	辆	vehicle	–
乙醇汽油车	Ethanol Gasoline Vehicle	辆	vehicle	–
柴油车	Diesel Vehicle	辆	vehicle	12 962
液化石油气车	Liquefied Petroleum Gas Vehicle	辆	vehicle	50
天然气车	Natural Gas Vehicle	辆	vehicle	8 130
双燃料车	Dual Fuel Vehicle	辆	vehicle	–
无轨电车	Trolleybus	辆	vehicle	950
纯电动车	Bev	辆	vehicle	596
混合动力车	Hybrid Vehicle	辆	vehicle	–
其他	Others	辆	vehicle	–
运营车数按排放标准分：	By Emission Standards:	–	–	–
国Ⅱ及以下	National Grade Ⅱ and below	辆	vehicle	–

4-5 （续表一）

指标 Indicator		计量单位 Unit		数量 Number
国Ⅲ	National Grade Ⅲ	辆	vehicle	3 452
国Ⅳ	National Grade Ⅳ	辆	vehicle	7 877
国Ⅴ及以上	National Grade and above	辆	vehicle	9 813
零排放	Zero Emission	辆	vehicle	1 546
标准运营车数	Standard Operating Vehicle	标台	standard-vehicle	32 685
本年新增运营车数	New Vehicles into Operation this Year	辆	vehicle	2 028
本年报废更新运营车数	Scrapped Vehicles Updated this Year	辆	vehicle	905
额定载客量	Rated Passenger Capacity	人	person	2 261 468
场站设施	**Station Facilities**	–	–	–
公交调度指挥中心	Public Transportation Dispatch and Command Center	个	pc	2
停车保养场面积	Parking Area	平方米	sq. m	4 020 084
自有面积	Self-owned Area	平方米	sq. m	1 498 285
租用社会面积	Rented Social Area	平方米	sq. m	2 521 799
公交车进场率	Bus Entry Rate	%	%	98
运营线路	**Operation Lines**	–	–	–
运营线路条数	Number of Operation Lines	条	line	876
运营线路总长度	Total Length of Operation Line	公里	km	19 818
其中：BRT 线路长度	of which: BRT Line Length	公里	km	81
无轨电车线路长度	Trolley Bus Line Length	公里	km	305
运营服务	**Operation Service**	–	–	–
客运量	Passenger Traffic	万人次	10 000person-time	369 019
其中：BRT 客运量	of which: BRT Passenger Traffic	万人次	10 000person-time	5 224
其中：使用 IC 卡的客运量	of which: Passengers Using IC Cards	万人次	10 000person-time	248 765
运营里程	Operating Length	万公里	10 000km	133 630
从业人员	**Employees**	–	–	–
从业人员数	Number of Employees	人	person	79 202
其中：驾驶员人数	of which: Number of Drivers	人	person	41 944

4-6 出 租 汽 车
Taxi

指标	Indicator	计量单位	Unit	数量 Number
运营车辆	**Operating Vehicles**	–	–	–
运营车数	Number of Operating Vehicles	辆	vehicle	68 484
其中：个体车辆	of which: Individual Vehicles	辆	vehicle	1 164
其中：安装卫星定位车载终端的车辆	of which: Equipped with Satellite Positioning Vehicle Terminals	辆	vehicle	68 484
运营车数按燃料类型分：	By Type of Fuel	–	–	–
汽油车	Gasoline Vehicles	辆	vehicle	64 484
双燃料车	Dual Fuel Vehicle	辆	vehicle	2 000
纯电动车	Bev	辆	vehicle	1 000
其他	Others	辆	vehicle	1 000
本年新增运营车数	New Vehicles into Operation this Year	辆	vehicle	200
本年报废更新运营车数	Scrapped Vehicles Updated this Year	辆	vehicle	6 850
运营服务	**Operation Service**	–	–	–
载客车次总数	Total Number of Passenger Trips	万车次	10 000 vehicle–time	33 946
客运量	Passenger Traffic	万人次	10 000 person–time	47 665
运营里程	Operating Length	万公里	10 000km	509 973
其中：载客里程	of which: Passenger Transportation Length	万公里	10 000km	304 966
从业人员	**Employees**	–	–	–
从业人员数	Number of Employees	人	person	93 767
其中：驾驶员人数	of which: Number of Drivers	人	person	93 767

4-7 省际客运
Interprovincial Passenger Transportation

指标	Indicator	计量单位	Unit	数量 Number
基础设施	**Infrastructure**	–	–	–
等级客运站	Graded Passenger Station	个	unit	10
其中：一级站	of which: First-grade Station	个	unit	5
二级站	Second-grade Station	个	unit	5
其中：客运枢纽	of which: Passenger Transportation Hub	个	unit	1
运营线路	**Operating Route**	–	–	–
运营线路条数	Number of Operating Routes	条	route	777
运营线路长度	Length of Operating Routes	公里	km	419 580
运输服务	**Transportation Service**	–	–	–
客运量	Passenger Traffic	万人次	10 000 person-time	1 994
到达量	Arrival Passenger Number	万人次	10 000 person-time	1 041
发送量	Dispatched Passenger Number	万人次	10 000 person-time	953
旅客周转量	Turnover of Passenger Traffic	万人公里	10 000 person-km	686 085
平均日发班次	Average Daily Dispatched Runs	班次 / 日	run/day	1 695
其中：一级站	of which: First-grade Station	班次 / 日	run/day	1 131
二级站	Second-grade Station	班次 / 日	run/day	564
平均日旅客发送量	Average Daily Dispatched Passenger Number	人次	person-time	26 439
其中：一级站	of which: First-grade Station	人次	person-time	18 522
二级站	Second-grade Station	人次	person-time	7 917
经营从业人员	**Operators and Employees**	**人**	**person**	**1 155**

注：本表为省际客运站运营数据。
Notice: This Table is the operation data of interprovincial passenger stations.

4-8 旅游客运
Tourist Passenger Transportation

指标	Indicator	计量单位	Unit	数量 Number
车辆数量	**Number of Vehicle**	**辆**	**vehicle**	**6 650**
		客位	**seat**	**260 753**
按标记客位分	By Rated Seat	–	–	–
大型	Large-size	辆	vehicle	4 837
		客位	seat	232 629
中型	Medium-size	辆	vehicle	1 012
		客位	seat	20 272
小型	Small-size	辆	vehicle	801
		客位	seat	7 852
按燃料类型分	By Type of Fuel	–	–	–
柴油车	Diesel Vehicle	辆	vehicle	5 250
汽油车	Gasoline Vehicle	辆	vehicle	1 270
电车	Battery Electric Vehicle	辆	vehicle	90
天然气车	Natural Gas Vehicle	辆	vehicle	40
其他	Others	辆	vehicle	–
运营服务	**Operation Service**	**–**	**–**	**–**
客运量	Passenger Traffic	万人次	10 000person-time	4 909
旅客周转量	Turnover of Passenger Traffic	万人公里	10 000person-km	418 526
经营业户数	**Number of Business Operators**	**个**	**unit**	**80**
100 辆及以上	100Vehicles and Above	个	unit	13
50-99 辆	50-99 Vehicles	个	unit	7
10-49 辆	10-49 Vehicles	个	unit	29
5-9 辆	5-9 Vehicles	个	unit	9
5 辆以下	5 Vehicles and Below	个	unit	22
从业人员数	**Number of Employees**	**人**	**person**	**7 686**

4-9 郊区客运
Suburban Passenger Transportation

指标	Indicator	计量单位	Unit	数量 Number
车辆数量	**Number of Vehicle**	**辆**	**vehicle**	**3 963**
		客位	**seat**	**162 181**
按燃料类型分	By Type of Fuel	–	–	–
汽油车	Gasoline Vehicle	辆	vehicle	–
柴油车	Diesel Vehicle	辆	vehicle	2 325
天然气车	Natural Gas Vehicle	辆	vehicle	969
双燃料车	Dual-fuel Vehicle	辆	vehicle	–
纯电动车	Battery Electric Vehicle	辆	vehicle	522
混合动力车	Hybrid Vehicle	辆	vehicle	–
其他燃料车	Others	辆	vehicle	147
郊区客运站数量	**Suburban Passenger Station**	**个**	**unit**	**156**
运营线路	**Operating Route**	**–**	**–**	**–**
运营线路条数	Number of Operating Routes	条	route	410
运营线路总长度	Length of Operating Routes	公里	km	15 496
运营服务	**Operation Service**	**–**	**–**	**–**
客运量	Passenger Traffic	万人次	10 000 person-time	42 572
旅客周转量	Turnover of Passenger Traffic	万人公里	10 000 person-km	520 797
经营业户数	**Number of Business Operators**	**户**	**unit**	**14**
从业人员数	**Number of Employees**	**人**	**person**	**8 234**

4-10 公路营运载
Possession of Commercial

指标	Indicator	计量单位	Unit	总计 Total	按标记客位分 By Rated Seat		
					大型 Large-size	中型 Medium-size	小型 Mini-size
合　计	**Total**	**辆**	**vehicle**	**69 850**	**7 944**	**2 805**	**59 101**
		客位	**seat**	**815 007**	**389 023**	**66 132**	**359 852**
其中：卧铺客车	of which: Sleeper Coach	辆	vehicle	277	274	3	–
		客位	seat	10 518	10 433	85	–
按经营范围分	By Business Scope	–	–	–	–	–	–
班车客运客车	Shuttle Bus	辆	vehicle	937	905	32	–
		客位	seat	40 073	39 182	891	–
旅游客车	Touring Bus	辆	vehicle	6 650	4 837	1 012	801
		客位	seat	260 753	232 629	20 272	7 852
其他客车	Other Passenger Vehicles	辆	vehicle	62 263	2 202	1 761	58 300
		客位	seat	514 181	117 212	44 969	352 000
按燃料类型分	By Type of Fuel	–	–	–	–	–	–
汽油车	Gasoline Vehicle	辆	vehicle	51 370	–	–	–
柴油车	Diesel Vehicle	辆	vehicle	8 474	–	–	–
纯电动车	Battery Electric Vehicle	辆	vehicle	8 812	–	–	–
混合动力车	Hybrid Vehicle	辆	vehicle	147	–	–	–

客汽车拥有量
Highway Passenger Vehicles

按车长分 By Vehicle Length				按等级分 By Class			安装卫星定位车载终端 Equipped with Vehicle Terminal of GPS
特大型 Extra Large-size	大型 Large-size	中型 Medium-size	小型 Mini-size	高级 High Class	中级 Middle Class	普通 Ordinary Class	
143	**8 570**	**2 268**	**58 869**	**5 961**	**59 918**	**3 971**	**51 550**
6 212	**397 281**	**55 407**	**356 107**	**270 135**	**382 532**	**162 340**	**743 007**
87	190	–	–	277	–	–	–
3 421	7 097	–	–	10 518	–	–	–
–	–	–	–	–	–	–	–
143	667	127	–	932	5	–	937
6 212	29 283	4 578	–	39 880	193	–	40 073
–	5 701	380	569	5 029	1 613	8	6 650
–	250 786	5 860	4 107	230 255	30 339	159	260 753
–	2 202	1 761	58 300	–	58 300	3 963	43 963
–	117 212	44 969	352 000	–	352 000	162 181	442 181
–	–	–	–	–	–	–	–
–	–	–	–	–	–	–	–
–	–	–	–	–	–	–	–
–	–	–	–	–	–	–	–
–	–	–	–	–	–	–	–

4-11 汽 车 租 赁
Vehicle Rental

指标	Indicator	计量单位	Unit	数量 Number
租赁车辆数量	**Number of leased Vehicles**	**辆**	**vehicle**	**58 300**
按客位数分	By Passenger Seat Numbers			
5 座及以下的客车	5 seats and less	辆	vehicle	51 800
6–9 座的客车	6–9 seats	辆	vehicle	6 500
10 座及以上的客车	10 seats and above	辆	vehicle	–
按燃料类型分	By Type of Fuel	–	–	–
汽油车	Gasoline Vehicle	辆	vehicle	50 100
纯电动车	Battery Electric Vehicle	辆	vehicle	8 200
天然气车	Natural Gas Vehicle	辆	vehicle	–
经营业户数	**Number of Business Operators**	**户**	**unit**	**640**
10 辆以下	10 Vehicles and Below	户	unit	277
10–49 辆	10–49 Vehicles	户	unit	213
50–100 辆	50–100 Vehicles	户	unit	57
101–300 辆	101–300 Vehicles	户	unit	58
301–999 辆	301–999 Vehicles	户	unit	22
1000 辆及以上	1000 Vehicles and Above	户	unit	13
从业人员数	**Number of Employees**	**人**	**person**	**6 200**
汽车租赁率	**Car Rental Rate**	**%**	**%**	**80**

4-12 机动车维修业及汽车综合性能检测站
Motor Vehicle Maintenance and Synthetic Vehicle Performance Test Station

指标	Indicator	计量单位	Unit	数量 Number
机动车维修业	**Motor vehicle maintenance**	–	–	–
经营业户	Business Operators	户	unit	4 086
其中：汽车维修	of which: Auto Maintenance	户	unit	4 067
内：一类汽车维修	including: Class I Auto Maintenance	户	unit	766
二类汽车维修	Class II Auto Maintenance	户	unit	1 633
三类汽车维修	Class III Auto Maintenance	户	unit	1 668
摩托车维修	Motorcycle Maintenance	户	unit	19
完成主要工作量	Main Workload	辆（台）次	vehicle-time	12 477 024
其中：整车修理	of which: Complete Vehicle Repair	辆次	vehicle-time	6 132
总成修理	Unit Repair	台次	vehicle-time	13 885
二级维护	Second Maintenance	辆次	vehicle-time	489 046
专项修理	Special Repair	辆次	vehicle-time	11 805 291
维修救援	Automobile Service Rescue	辆次	vehicle-time	162 670
从业人员数	Number of Employees	人	person	76 868
其中：技术负责人	of which: Technical Director	人	person	4 067
质量检验员	Quality Inspector	人	person	11 625
其他维修技术人员	Other Maintenance Technicians	人	person	31 795
汽车综合性能检测站	**Synthetic Vehicle Performance Test Station**	–	–	–
检测站	Total Stations	个	unit	13
完成检测量	Total Test Amount	辆次	vehicle-time	253 164
其中：维修竣工检测	of which: Maintenance Completion Test	辆次	vehicle-time	84 497
等级评定检测	Rating Test	辆次	vehicle-time	168 461
维修质量监督检测	Maintenance Quality Supervision Test	辆次	vehicle-time	206
其他检测	Other Tests	辆次	vehicle-time	–
内：排放检测	including: Emission test	辆次	vehicle-time	–
从业人员数	Number of Employees	人	person	317

主要统计指标解释

轨道交通车站数：指报告期末，轨道交通运营线路上供乘客候车和上下车的场所个数。计量单位：个。

轨道交通换乘站数：指报告期末，轨道交通运营线路上，乘客能从同一站台或通过专用通道从一条轨道交通线路转乘其他轨道交通线路的车站数。计量单位：个。

计算方法：不同轨道交通线路换乘的站点按一个换乘站统计。

轨道交通运营线路条数：指报告期末，为轨道交通运营列车设置的固定线路总条数。计量单位：条。

计算方法：按规划设计为同一条线路但分期建成的线路，统计时仍按一条线路计算。

统计分组：一般包括地铁、轻轨、单轨、有轨电车、磁悬浮等。

轨道交通运营线路总长度：指报告期末，轨道交通全部运营线路长度之和。包括地面、地下、高架等线路，不包括折返、试车、联络线等非运营线路。计量单位：公里。

统计分组：同轨道交通运营线路条数分组。

轨道交通运营车数：指报告期末，城市用于轨道交通运营业务的全部车辆数。计量单位：辆。

计算方法：以企业（单位）固定资产台账中已投入运营的车辆数为准；新购、新制和调入的运营车辆，自投入之日起开始计算；调出、报废和调作他用的运营车辆，自上级主管机关批准之日起不再计入。地铁、轻轨、单轨和磁悬浮列车在统计时，一自然节统计为一辆，不按编组列统计。轨道交通系统的分类界定方法参照《城市公共交通分类标准》（CJJ/T114-2007）执行。

轨道交通标准运营车数：指报告期末，不同类型的轨道交通运营车辆按统一的标准当量折算合成的运营车数。计量单位：标台。

计算公式：轨道交通标准运营车数（标台）=∑（没类型车辆数 × 相应换算系数）。

轨道交通编组列数：指报告期末，辖区内已开通运营的各条轨道交通运营线路编组的列车数量合计数。计量单位：列。

轨道交通额定载客量：指报告期末，所有轨道交通运营车辆的核定载客人数之和。计量单位：人。

轨道交通高峰小时最大满载率：也称高峰时段最大断面满载率，指高峰时段轨道交通运营线路单向最大断面客流量与相应断面运力的比值。计量单位：%。

轨道交通客运量：指报告期内，轨道交通运送乘客的总人次，包括付费乘客和不付费乘客人次。计量单位：万人次。

轨道交通旅客周转量：指报告期内，轨道交通运送的每位乘客与其相应运送距离的乘积之和。计量单位：万人公里。

轨道交通日均客运量：指报告期内，轨道交通平均每日运送乘客的人次。计量单位：万人次。

公共电汽车运营车数：指报告期末，城市（县城）用于公共客运交通运营业务的全部公共电汽车车辆数。计量单位：辆。

计算方法：新购、新制和调入的运营车辆，自投入之日起开始计算；调出、报废和调作他用的运营车辆，自上级主管机关批准之日起不再计入。可按不同车长、不同燃料类型、不同排放标准和是否配备空调等分别统计。

统计分组：一般按以下方式分组：

（1）按车长分。如可分为≤ 5 米、> 5 米且≤ 7 米、> 7 米且≤ 10 米、> 10 米且≤ 13 米、> 13 米且≤ 16 米、> 16 米且≤ 18 米、> 18 米、双层车。

（2）按车辆燃料类型分。如可分为汽油车、乙醇汽油车、柴油车、液化石油气车、天然汽车、双燃料车、无轨电车、纯电动车、混合动力车和其他燃料车。

（3）按排放标准分。如可分为国 II 及以下、国 III、国 IV、国 V 及以上、零排放。

（4）按行驶区域分。如可为市区公交车和市郊公交车。

公共电汽车标准运营车数：指报告期末，不同类型的公交运营车辆按统一的标准当量折算合成的运营车数。计量单位：标台。

计算公式：标准运营车数（标台）=∑（没类型车辆数 × 相应换算系数）

公共电汽车额定载客量：指报告期末，所有公共电汽车运营车辆核定载客人数之和。额定载客量亦称核定载客人数。计量单位：人。

计算公式：公共电汽车额定载客量 = 车厢固定乘客座位数 + 车厢有效站立面积（平方米）× 每平方米允许站立人数。

公共电汽车运营里程：指报告期内，公共电汽车运营车辆为运营而出车行驶的全部里程。计量单位：万公里。

统计范围：公共电汽车运营里程包括载客里程和空驶里程，不包括为进行保养、修理而进出保修厂及试车的里程。其中载客里程指运营车辆载运乘客行驶的里程，包括运营车辆为运送乘客在线路行驶的里程和包车载客里程；空驶里程指运营车辆为运营而规定不载运乘客的空车行驶里程，包括从车场至线路出、回场里程，中途故障和其他原因空驶到起点、终点或车场的里程，包括回程的空驶里程。

出租汽车运营车数：指报告期末，已经领取出租汽车专用牌照的运营车辆数量，包括技术完好的、在修的、长期行驶的以及拟报废尚未经上级机关批准的车辆数量。计量单位：辆。

统计范围：出租汽车一般应符合以下要求：（1）车辆技术性能、设施完好，车容整洁；（2）出租汽车应当装置由客运管理机构批准的、并经技术监督部门鉴定合格的计价器；（3）出租小客车应当装置经公安机关鉴定合格的防劫安全设施；（4）出租汽车应当固定装置统一的顶灯和显示空车待租的明显标志。个体出租车指具有出租汽车专用牌照和营运证，经营性质为个体的出租汽车。

统计分组：一般按以下方式分组：

（1）按车辆燃料类型分。如可分为：汽油车、乙醇汽油车、柴油车、液化石油气车、天然气车、双燃料车、纯电动车、其他燃料车。

（2）按车辆运营方式分。如可分为：个体出租车和非个体出租车。

出租汽车运营里程：指报告期内，出租汽车客运运营车辆为运营而出车行驶的全部里程。包括载客里程和空驶里程。计量单位：万公里。

出租汽车载客里程：指报告期内，出租汽车客运运营车辆按照乘客意愿提供客运服务行驶计费的里程。计量单位：万公里。

计算公式：出租汽车载客里程 = 里程表下客时数码 − 里程表上客时数码。

公共电汽车客运量：指报告期内，公共电汽车运送乘客的总人次，包括付费乘客和不付费乘客人次。计量单位：万人次。

出租汽车客运量：指报告期内，出租汽车实际运送乘客的总人次。计量单位：万人次。

计算公式：客运量 = 载客车次总数 × 载客人数系数。

载客人数系数各企业可根据掌握的实际客流调查资料进行确定，若无相关调查资料可按照平均每车次载客 2 人计。

公共电汽车运营线路条数：指报告期末，为公交运营车辆设置的固定运营线路条数。计量单位：条。

统计范围：公共电汽车运营线路条数包括干线、支线、专线和高峰时间行驶的固定线路条数，不包括临时行驶和联营线路条数。

统计分组：一般按以下方式分组：

（1）按区域分为：市区公交线路条数和市郊公交线路条数。

（2）按票制分为：分段计价票制运营线路条数和单一票制运营线路条数。

公共电汽车运营线路总长度：指报告期末，全部公共电汽车运营线路长度之和。计量单位：公里。

统计范围：公共电汽车运营线路长度不包括折返、试车、联络线等非运营线路的长度。

公共电汽车从业人员数：指报告期末，在公共电汽车经营业户中工作并取得劳动报酬的实有人员数量。计量单位：人。

统计分组：一般按从业人员所在的工作岗位进行分组。如驾驶员人数、售票员人数、乘务员人数等。

出租汽车从业人员数：指报告期末，在出租汽车经营业户中工作并取得劳动报酬的实有人员数量。计量单位：人。

统计分组：一般按从业人员所在的工作岗位进行分组。如驾驶员人数、财务人员数等。

客运站数量：指报告期末，经交通运输管理机构核定并取得经营许可的客运站数量。计量单位：个。

客运站数量按站级统计，站级划分按部颁标准《汽车客运站级别划分和建设要求》（JT/T200—2004）执行。

统计分组：按客运站的等级分为：一级站、二级站、三级站、四级站、五级站、简易站及招呼站。

客运枢纽：指包含多种交通客运方式，能实现无缝换乘，具有运输组织管理、中转换乘、多式联运、通信信息和生产生活辅助服务等一项或多项基本功能的交通系统。计量单位：个。

客运枢纽是多种客运交通方式线路汇集的大型客流集散点，枢纽站中不同交通方式的场站设施实体建筑应在同一空间内布设或有专用通道相连或可通过专门的摆渡工具实现旅客换乘衔接。

北京市目前主要有四类客运枢纽，具体如下：

（1）包含铁路与公交、地铁、出租四种运输方式的客运枢纽：如北京南站、北京西客站等。

（2）包含公路客运与公交、地铁三种运输方式的客运枢纽：如六里桥客运枢纽。

（3）包含民航与机场巴士、公交、地铁、出租五种运输方式的客运枢纽：如首都机场等。

（4）包含公交与地铁两种运输方式的客运枢纽：如东直门客运枢纽。

省际客运运营线路条数：指报告期末，省际客运企业实际经营的客运班线条数。计量单位：条。

省际客运运营线路长度：指报告期末，省际客运企业实际经营的客运班线长度之和。计量单位：公里。

客运班线平均日发班次：指报告期内，本辖区内所有班车平均每日实际开行的班次数。计量单位：班次/日。县内班车往返一趟计算两个班次。两天一班计 1/2 个班次，三天一班计 1/3 个班次。

客运站平均日旅客发送量：指报告期内，本辖区内取得经营许可的客运站平均每日发送的旅客人数。计量单位：人次。

客运量：指报告期内实际运送的旅客人数。计量单位：万人次。

旅客周转量：指报告期内，实际运送的每位乘客与其相应运送距离的乘积之和。计量单位：万人公里。

计算公式：旅客周转量 = Σ（实际运送的每位旅客 × 该旅客出发站与到达站间的距离）

统计分组：公路旅客周转量按省际客运、旅游客运、郊区客运分别统计。

道路运输从业人员：指报告期末，在道路运输业中从事生产、经营和管理的人员数。计量单位：人。

计算方法：道路运输从业人员数按辖区内道路运输行业所有经营业户的实际从业人员数来统计。其中从事道路危险货物运输的驾驶人员、押运人员和装卸管理人员指经所在地设区的市级人民政府交通主管部门考试合格并取得相应从业资格证的人员。

统计范围：道路运输从业人员数不包括城市客运从业人员数量。

统计分组：根据经营范围按省际客运、旅游客运、郊区客运、货物运输、汽车租赁、机动车维修及汽车综合性能检测站从业人员分别统计。

公路运输车辆数：指报告期末，从事公路旅客运输或货物运输的各类运输车辆的实有数量。计量单位：辆。

统计分组：一般按以下方式分组：

（1）按运输车辆的车体结构分。

（2）按运输车辆的经营范围和用途分。

（3）按运输车辆使用的能源种类分。

（4）按运输车辆的技术特征分。

（5）按车辆的营运方式分。

其中，载客汽车一般按以下方式分组：

（1）按标记客位分为：大型客车、中型客车、小型客车。

（2）按车长分为：特大型客车、大型客车、中型客车、小型客车。

（3）按等级分为：高级客车、中级客车、普通客车。

（4）按燃料类型分为：汽油车、柴油车、液化石油汽车、天然气车、双燃料车、纯电动车、混合动力车、其他燃料车。

（5）按经营范围分为：班车客车、旅游客车、包车客车、其他客车。

其中，载货汽车一般按以下方式分组：

（1）按车型结构分为：栏板车、厢式车、集装箱车和罐车。

（2）按经营范围分为：普通载货汽车和专用载货汽车。

（3）按标记吨位分为：大型（含重型）车、中型车和小型车。

（4）按燃料类型分为：汽油车、柴油车、液化石油汽车、天然气车、双燃料车、纯电动车、混合动力车、其他燃料车。

车辆客位数：指报告期末，载客车辆的标记或核定客位，反映载客车辆的运载能力。计量单位：客位。

车辆吨位数：指报告期末，载货车辆的标记或核定吨位，反映载货车辆的运载能力。计量单位：吨位。

经营业户数：持有道路运输管理机构核发的道路运输经营许可证，或者在交通运输行业管理机构备案，或者纳入交通运输行业管理，从事道路运输业务或相关业务经营活动的业户数。计量单位：户。

统计分组：根据经营范围按省际客运、旅游客运、郊区客运、货物运输、汽车租赁、机动车维修及汽车综合性能检测站七类分别统计。

机动车维修完成主要工作量：指报告期内各类机动车维修业户完成的主要维修工作量。计量单位：辆（台）次。

统计分组：机动车维修完成主要工作量按整车修理、总成修理、二级维护、专项修理和维修救援五类分别统计。

汽车综合性能检测站数量：按照规定的程序、方法，通过一系列技术操作行为，对在用汽车综合性能（指在用汽车动力性、安全性、燃料经济性、使用可靠性、排气污染物和噪声以及整车装备完整性与状态、防雨密封性等多种技术性能的组合）进行检测（验）评价工作并提供检测数据、报告的社会化服务机构数量。计量单位：个。

完成检测量：指报告期内各类取得经营许可的汽车综合性能检测站完成的各类检测辆次数。计量单位：辆次。

汽车租赁率：指已出租车辆与租赁车辆的比率。计量单位：%。

计算公式：汽车租赁率 = 已出租车辆/租赁车辆数 × 100%。

Explanatory Notes on Main Statistical Indicators

Number of rail transit stations refers to the number of places along the operating rail transit routes for passengers to wait and get in and off the train at the end of the report period. Unit: unit.

Number of rail transit transfer stations refers to the number of stations along the rail transit routes at the end of the report period where passengers can transfer from one rail transit route to another through the same platform or a dedicated channel. Unit: unit.

Calculation method: The transfer stations of different rail transit routes is counted as one.

Number of rail transit operating routes refers to the total number of fixed routes set for rail transit operating trains at the end of the report period. Unit: route.

Calculation method: The route which is designed as the same route but built by stages should be calculated as one route.

Statistical grouping: Rail transit operating routes are generally include metro, light rail, monorail, tram and magnetically suspension train, etc.

Total length of rail transit operating routes refers to the sum of lengths of all rail transit routes at the end of the report period, including ground route, underground route and elevated route, excluding non-operational routes such as turn line, test line and contact line. Unit: km.

Statistical grouping: The same as number of rail transit operating routes.

Number of rail transit operating vehicles refers to the total number of vehicles used for rail transit operations in the city at the end of the report period. Unit: vehicle.

Calculation method: Based on the number of vehicles which has already put into operation in the fixed assets account of the enterprise (unit) ; the newly purchased, newly manufactured and transferred-in operating vehicles will be counted from the date it is put into use; operational vehicles that transferred out, scrapped or transferred for other purposes should not be included from the date of approval by the competent authorities at the higher levels. In the statistics of metro, light rail, monorail and magnetically suspension train, one natural section is one vehicle, which is out of accordance with marshalling train. The rail transit system shall be classified and definited according to *Standard for Classification of Urban Public Transportation (CJJ/ T 114—2007)*.

Number of rail transit standard operating vehicles refers to the number of operating vehicles converted from rail transit operating vehicles of different types by unified standard equivalent at the end of the report period. Unit: standard vehicle.

Calculation formula: the number of rail transit standard operating vehicles (standard station) = $\sum$ (number of vehicles of each type × corresponding conversion coefficient).

Number of rail transit marshalling refers to the total number of marshalling trains of each rail transit operating route within the jurisdiction at the end of the report period. Unit: unit.

Rail transit rated passenger capacity refers to the total number of rated passenger capacity of all rail transit operating vehicles at the end of the report period. Unit of: person.

Maximum load rate of rail transit during the peak hours, which is also called the maximum load rate of section during peak hours, refers to the ratio between the one-way maximum section passenger flow of the rail transit line during the peak period and the transport capacity of this section.Unit: %.

Rail transit passenger traffic refers to the total number of passengers transported by rail transit during the report period, including paying passengers and non-paying passengers. Unit: 10 000 person-times.

Rail transit passenger turnover refers to the sum of the transported passengers multiplied by the transport distance during the report period. Unit: 10 000 person-km.

Average daily passenger traffic of rail transit refers to the average daily number of passenger transported by rail transit during the report period. Unit: 10 000 person-times.

Number of public trolley buses refers to the number of all public trolley buses used for public passenger transportation operation service by cities (counties) at the end of the report period. Unit: vehicle.

Calculation method: The newly purchased, newly manufactured and transferred-in operating vehicles will be counted from the date it is put into use; operational vehicles that transferred out, scrapped or transferred for other purposes should not be included from the date of approval by the competent authorities at the higher levels. Statistics can be done according to length of vehicle, fuel types, emission standards and whether the vehicle is equipped with air condition.

Statistical grouping: generally grouped as follows:

(1) By length, for example, ≤ 5 meters, > 5 meters and ≤ 7 meters, > 7 meters and ≤ 10 meters, > 10 meters and ≤ 13 meters, > 13 meters and ≤ 16 meters, > 16 meters and ≤ 18 meters, > 18 meters, double deck bus.

(2) By fuel type, for example, gasoline vehicles, ethanol gasoline vehicles, diesel vehicles, liquefied petroleum gas vehicles, natural gas vehicles, dual-fuel vehicles, trolley buses, battery electric vehicle, hybrid vehicles and other fuel vehicles.

(3) By emission standard, for example, National grade Ⅱ and below, National grade Ⅲ, National grade Ⅳ, National grade Ⅴ and above, zero emissions.

(4) By driving area, for example, urban bus and suburban bus.

Number of trolley buses standard operating vehicles refers to the number of operating vehicles converted from trolley buses operating vehicles of different types by unified standard equivalent at the end of the report period. Unit of measurement: standard vehicle.

Calculation formula: Number of standard operating vehicles (standard vehicle) = Σ (number of vehicles of each type × corresponding conversion coefficient).

Trolley bus rated passenger capacity refers to the total number of rated passenger capacity of all trolley bus operating vehicles at the end of the report period, also called verified passenger capacity. Unit: person.

Calculation formula: Trolley bus rated passenger capacity = fixed passenger seat number + effective standing area (square meters) × number of people allowed to stand per square meter.

Operating length of public trolley bus refers to the total distance traveled by trolley buses for operation during the report period. Unit of measurement: km.

Statistical scope: The operating length of public trolley bus includes carrying kilometres and deadhead kilometres, excluding the mileage for maintenance, repair or test. Carrying kilometres refers to the distance traveled by operating vehicles to carry passengers, including the distance traveled by operating vehicles to carry passengers on the routes and the distance traveled by chartered vehicles. Deadhead kilometres refers to the distance traveled by an empty vehicle which is not allowed to carry passengers according to regulation, including the distance traveled between the vehicle yard and the route, halfway broken-down, the distance traveled to the start point, the terminal point or the vehicle yard for other reasons, also including the distance traveled on the return journey.

Number of operating taxi refers the number of operating vehicles that have obtained a special license for taxi at the end of the report period, including vehicles that are in good condition, under repair, after long-term use and those intended to be scrapped but have not yet been approved by the authorities of higher level. Unit: vehicle.

Statistical range: (1) Taxis generally meeting the following requirements. The technical performance and facilities of the vehicles are intact, and the vehicles are kept clean and tidy; (2) The taxi shall be equipped with a taximeter approved by the passenger transport management authority and certified as qualified by the technical supervision department; (3) Small taxicar shall be equipped with security facilities for preventing looting which have been certified as qualified by the public security organs; (4) The taxi shall be fixed with uniform overhead lights and clear signs showing empty vehicles for rent. The term "individual taxi" refers to a taxi operating as an individual, which has a special taxi license plate and a business license.

Statistical grouping: Generally grouped as follows:

(1) By fuel type, for example, gasoline vehicles, ethanol gasoline vehicles, diesel vehicles, liquefied petroleum gas vehicles, natural gas vehicles, dual fuel vehicles, battery electric vehicles and other fuel vehicles.

(2) By operation modes, for example, individual taxi and non-individual taxi.

Operating length of taxi refers to the total distance travelled by taxies for passenger transportation during the report period, including passenger kilometres and deadhead kilometres.Unit : 10 000 km.

Passenger kilometres of taxi refers to the mileage that taxies for passenger transportation provide passenger services as the passenger wishes and charge fees. Unit: 10 000 km.

Calculation formula: Passenger kilometres of taxi =

number of the speedometer when passengers get off – number of the speedometer when passengers get in.

Passenger traffic of public trolley buses refers to the total number of passengers transported by public trolley buses during the report period, including paying passengers and non–paying passengers. Unit of measurement: 10 000 person–times.

Passenger traffic of taxi refers to the total number of passengers transported by taxies during the report period. Unit of measurement: 10 000 person–times.

Calculation formula: Passenger Traffic = Total number of passenger carrying vehicle capacity × Passenger carrying capacity coefficient.

Each enterprise may determine the passenger carrying coefficient according to the actual passenger flow survey data. If there is no relevant survey data, it can be calculated as 2 passengers per vehicle.

Number of public trolley buses operating routes refers to the total number of fixed routes set for trolley buses at the end of the report period. Unit: line.

Statistical range: The number of public trolley buses operating routes includes the number of main lines, branch lines, special lines and fixed lines for peak hours, excluding the number of temporary lines and joint lines.

Statistical grouping: Generally grouped as follows:

(1) By region: Number of urban trolley bus routes, number of suburban trolley bus routes.

(2) By ticket system: Number of operating practising sectional fare and number of operation practising full fare.

Total length of public trolley buses operating routes refers to the sum of lengths of all public trolley buses routes at the end of the report period. Unit: km.

Statistical range: The total length of public trolley buses operating routes does not include Non–operating routes such as return route, test route or contact routes.

Number of public trolley buses employees refers to the actual number of persons who work for trolley buses proprietor and receive remuneration at the end of the report period. Unit: person.

Statistical grouping: Generally according to the position of the employees, such as the number of drivers, conductors,stewards and so on.

Number of taxi employees refers to the actual number of persons who work for taxi proprietor and receive remuneration at the end of the report period. Unit: person.

Statistical grouping: Generally according to the position of the employees, such as number of drivers, financial personnel and soon.

Number of passenger stations refers to the number of passenger stations that have been approved by the transportation management authority and obtained business license at the end of the report period. Unit: unit.

The number of passenger stations is calculated by the station grade according to *Classification and Facilities Requirements of Road Passenger Station (JT/T 200—2004)* issued by the Ministry of Transport.

Statistical grouping: Divided into first grade station, second grade station, third grade station, fourth grade station, fifth grade station, simple station and request stop by the passenger station grades.

Passenger transportation hub refers to a transport system that includes multiple modes of passenger transport, which can realize seamless transfer, and has one or more basic functions such as transport organization and management, passenger transfer, multimodal transport, communication information and support services for production and life. Unit: unit.

Passenger transportation hub is a large passenger flow distribution point where multiple passenger transport routes converge. The physical buildings of terminal facilities with different modes of transport in the hub station should be set up or connected with special channels within the same space or connected by special ferry tools.

Currently, Beijing has four major passenger transportation hubs, as follows:

(1) Passenger transportation hubs with four transport methods including railway, bus, subway and taxi, such as Beijing South Railway Station and Beijing West Railway Station.

(2) Passenger transportation hubs with three transport methods including highway, bus and subway, such as Liuliqiao Passenger Transportation Hub.

(3) Passenger transport hubs with five transport methods including civil aviation, airport bus, bus, subway and taxi, such as Capital Airport.

(4) Passenger transportation hubs with two transport methods including bus and subway, such as Dongzhimen Passenger Transportation Hub.

Number of Interprovincial passenger transportation routes refers to the number of passenger transportation routes actually operated by interprovincial passenger transportation enterprises at the end of the reporting period. Unit: route.

Length of interprovincial passenger transportation routes refers to the total length of passenger transportation routes actually operated by interprovincial passenger transport enterprises at the end of the reporting period. Unit: km.

Average daily dispatched runs of passenger transportation routes refers to the average number of daily actual departures of all regular buses within the jurisdiction during the report period. Unit: run/day. One round trip for intra-county bus is counted as two runs. Two-day run is counted as 1/2 and Three-day run is counted as 1/3.

Number of average daily dispatched passenger of passenger stations refers to the average daily number of passenger dispatched from passenger stations with business licenses within the juris diction during the report period. Unit: person-time.

Passenger traffic refers to the actual number of passengers transported during the report period. Unit: 10 000 person-time.

Passenger turnover refers to the sum of the passengers carried actually by all operating vehicles multiplied by the corresponding transport distance during the report period. Unit: 10 000 person-km.

The formula: Passenger Turnover (person-km) = Σ (actually transported passenger $\times$ the distance traveled by the passenger).

Statistical grouping: Divided into interprovincial passenger transportation, tourist passenger transportation and suburban passenger transportation.

Number of road transportation employees refers to the number of persons engaged in production, operation and management of the road transport at the end of the report period. Unit: person.

Calculation method: The number of road transportation employees is calculated according to the number of actual employees of all the road transport businesses within the jurisdiction. Among them, the drivers engaged in dangerous goods transportation, escorts and handling personnel refer to the persons who pass the examination and obtain the corresponding qualification certificate by the competent administrative department for transportation under the people's government of district-constituted municipalities.

Statistical scope: The number of road transportation employees does not include the number of urban passenger transportation employees.

Statistics grouping: Divided into employees of interprovincial passenger transportation, tourist passenger transportation, suburban passenger transportation,freight transportation, vehicle rental, motor vehicle maintenance and synthetic vehicle performance test station.

Number of highway transportation vehicles refers to the actual number of various types of transport vehicles used for highway passengers transportation or freight transportation at the end of the report period. Unit: vehicle.

Statistical grouping: Generally grouped as follows:

(1) By the structure of transport vehicles.

(2) By the business scope and use of transport vehicles.

(3) By fuel type of transport vehicles.

(4) By technical characteristics of transport vehicles.

(5) By the operation manner of transport vehicles.

Among them, passenger vehicles are generally grouped as follows:

(1) By rated seat: Large passenger vehicles, medium passenger vehicles and mini passenger vehicles.

(2) By vehicle length: Extra-large passenger vehicles, large passenger vehicles, medium passenger vehicles and mini passenger vehicles.

(3) By class: High-class passenger vehicles, middle-class passenger vehicles and ordinary-class passenger vehicles.

(4) By fuel types: Gasoline vehicles, diesel vehicles, liquefied petroleum vehicles, natural gas vehicles, dual-fuel vehicles, battery electric vehicles, hybrid vehicles and other fuel vehicles.

(5) By business scope: regular vehicles, tourist vehicles, chartered vehicles and other vehicles.

Among them, the freight vehicles are generally grouped as follows:

(1) By the structure: Tailgate truck, van, container truck and tank truck.

(2) By business scope: Common truck and special truck.

(3) By tonnage: large truck (including heavy truck), medium truck and light truck.

(4) By fuel types: gasoline vehicles, diesel vehicles, liquefied petroleum vehicles, natural gas vehicles, dual-fuel vehicles, battery electric vehicles, hybrid vehicles and other fuel vehicles.

Vehicle passenger seat refers to the marked or approved seats of passenger vehicles at the end of the report period, reflecting the carrying capacity of passenger vehicles. Unit: seat.

Vehicle tonnage refers to the marked or approved tonnage of the freight vehicles at the end of the report period, reflecting the carrying capacity of the vehicle. Unit: tonnage.

Number of Business Operators refers to those who hold road transport operation licenses issued by road transport management agencies, or filed with transport industry management agencies, or incorporated into transport industry management and engage in road transport business or related business operations. Unit: unit.

Statistics grouping: Divided into seven categories, such as interprovincial passenger transportation, tourist passenger transportation, suburban passenger transportation,freight transportation, vehicle rental, motor vehicle maintenance and synthetic vehicle performance test station.

Major workload of motor vehicle maintenance refers to the main workload completed by various motor vehicle maintenance operators during the report period. Unit: vehicles (stations)– time.

Statistical grouping: Divided into five categories, such as vehicle repair, assembly repair, secondary maintenance, special repair and maintenance rescue.

Number of synthetic vehicle performance test station refers to the social service organizations which test and evaluate comprehensive performance of the vehicle in use (refers to the combination of power performance, safety, fuel economy, operational reliability, exhaust pollutants and noise, equipment integrity and state, rain proof tightness and other technical performances) and provide test data and reports according to regulated procedure and method by a series of technical operation behaviors. Unit:unit.

Detection amount refers to the sum of vehicle detection that synthetic vehicle performance test station actually completed during the report period. Unit:vehicle–time.

Car rental rate refers to the ratio of rented vehicles to vehicles for hire. Unit:%.

Calculating formula: Car rental rate = Number of rented vehicles / Number of vehicles for hire × 100%.

五、货物运输

FREIGHT TRANSPORTATION

简 要 说 明
Brief Introduction

本篇资料反映北京市公路货运发展的基本情况，主要包括：公路货物运输量、集装箱运输量及运输装备。

Statistics in this chapter reflects the basic situation of freight traffic of highway transportation development of Beijing mainly including freight and container traffic of highway transportation, transportation equipment.

5-1 货 物 运 输
Freight Transportation

指标	Indicator	计量单位	Unit	数量 Number
基础设施	**Infrastructure**	–	–	–
货运站数量	Freight station	个	unit	11
一级站	First-grade Station	个	unit	1
二级站	Second-grade Station	个	unit	–
三级站	Third-grade Station	个	unit	10
四级站	Fourth-grade Station	个	unit	–
货运枢纽总计	Freight Transportation Hub	个	unit	–
运输服务	**Transportation Service**	–	–	–
货运量	Freight Traffic	万吨	10 000 tons	19 972
货物周转量	Turnover of Freight Traffic	万吨公里	10 000 tons-kms	1 613 192
道路货物运输经营业户数	**Number of Road Freight Transportation Operators**	**户**	**unit**	**51 425**
其中：普通货运	of which: General Freight Transportation	户	unit	50 396
货物专用运输	Special Freight Transportation	户	unit	2 978
内：集装箱运输	including: Container Transportation	户	unit	629
大型物件运输	Large Article Transportation	户	unit	330
道路货物运输相关业务经营业户数	**Number of Related Business Operators**	**户**	**unit**	**1 085**
其中：货运站（场）	of which: Freight Station	户	unit	11
货运代办	Freight Forwarder	户	unit	1 074
从业人员数	**Number of Employees**	**人**	**person**	**428 272**
其中：道路货物运输驾驶员	of which: Road Freight Transportation Drivers	人	person	416 225

5-2 公路集装箱运输量
Traffic Volume of Highway Containers

指标	Indicator	箱运量（个）Container Transportation Volume (unit)	货运量（吨）Freight Traffic (ton)
合　计	**Total**	**497 596**	**4 428 817**
45 英尺	45 feet	–	–
40 英尺	40 feet	170 171	2 358 221
35 英尺	35 feet	–	–
20 英尺	20 feet	157 254	2 070 596
10 英尺	10 feet	–	–

5-3 公路营运载货汽车拥有量
Possession of Commercial Highway Freight Vehicles

指标	Indicator	计量单位	Unit	总计 Total	按标记吨位分 By Tonnage			
					个体 Individual	大型 Heavy	中型 Medium	小型 Light
合计	**Total**	**辆**	**vehicle**	**181 098**	**34 317**	**66 382**	**6 618**	**100 603**
		吨位	**tonnage**	**1 021 452**	**135 281**	**862 596**	**23 965**	**134 891**
货车	**Truck**	**辆**	**vehicle**	**168 549**	**32 889**	**61 340**	**6 607**	**100 602**
		吨位	**tonnage**	**868 776**	**117 399**	**709 956**	**23 930**	**134 890**
按车型结构分	By Vehicle Structure	–	–	–	–	–	–	–
栏板货车	Tailgate Truck	辆	vehicle	84 747	24 712	33 565	3 810	47 372
		吨位	tonnage	431 635	94 183	349 193	13 995	68 447
厢式车	Van	辆	vehicle	73 388	7 673	17 668	2 624	53 096
		吨位	tonnage	230 823	14 082	155 260	9 376	66 187
其中：冷藏保温车	of which: Refrigerated Truck	辆	vehicle	5 589	167	1 012	944	3 633
		吨位	tonnage	16 851	544	8 680	3 423	4 748
集装箱车	Container Truck	辆	vehicle	3 022	86	3 022	–	–
		吨位	tonnage	97 470	2 787	97 470	–	–
		TEU	TEU	6 498	186	6 498	–	–
罐车	Tank Truck	辆	vehicle	7 392	418	7 085	173	134
		吨位	tonnage	108 848	6 347	108 033	559	256
按经营范围分	By Business Scope	–	–	–	–	–	–	–
普通载货汽车	Common Truck	辆	vehicle	148 178	32 069	47 963	5 177	95 038
		吨位	tonnage	602 493	105 036	456 406	18 879	127 208
专用载货汽车	Special Truck	辆	vehicle	20 371	820	13 377	1 430	5 564
		吨位	tonnage	266 283	12 363	253 550	5 051	7 682
其中：大型物件运输车	of which: Large Object Truck	辆	vehicle	530	72	526	4	–
		吨位	tonnage	15 054	1 897	15 040	14	–

5-3 （续表一）

指标	Indicator	计量单位	Unit	总计 Total	按标记吨位分 By Tonnage 个体 Individual	大型 Heavy	中型 Medium	小型 Light
按燃料类型分	By Fuel Type	–	–	–	–	–	–	–
汽油车	Gasoline Vehicle	辆	vehicle	40 985	12 600	–	–	–
柴油车	Diesel Vehicle	辆	vehicle	126 052	20 283	–	–	–
液化石油汽车	Liquefied Petroleum Vehicle	辆	vehicle	2	–	–	–	–
天然气车	Natural Gas Vehicle	辆	vehicle	453	6	–	–	–
纯电动车	Battery Electric Vehicle	辆	vehicle	1 057	–	–	–	–
牵引车	**Tractor**	**辆**	**vehicle**	**7 495**	**818**	**–**	**–**	**–**
按燃料类型分	By Fuel Type	–	–	–	–	–	–	–
汽油车	Gasoline Vehicle	辆	vehicle	58	11	–	–	–
柴油车	Diesel Vehicle	辆	vehicle	7 325	807	–	–	–
天然气车	Natural Gas Vehicle	辆	vehicle	112	–	–	–	–
挂车	**Trailer**	**辆**	**vehicle**	**5 054**	**610**	**5 042**	**11**	**1**
		吨位	**tonnage**	**152 676**	**17 882**	**152 640**	**35**	**1**
按车型结构分	By Vehicle Structure	–	–	–	–	–	–	–
栏板货车	Tailgate Truck	辆	vehicle	5 054	610	5 042	11	1
		吨位	tonnage	152 676	17 882	152 640	35	1
按经营范围分	By Business Scope	–	–	–	–	–	–	–
普通载货汽车	Common Truck	辆	vehicle	2 428	448	2426	1	1
		吨位	tonnage	71 435	13 283	71 431	3	1
专用载货汽车	Special Truck	辆	vehicle	2 626	162	2 616	10	–
		吨位	tonnage	81 241	4 599	81 209	32	–
其中：大型物件运输车	of which: Large Object Truck	辆	vehicle	444	61	444	–	–
		吨位	tonnage	12 694	1 625	12 694	–	–

主要统计指标解释
Explanatory Notes on Main Statistical Indicators

货运站数量：指报告期末，经交通运输管理机构核定并取得经营许可的货运站数量。计量单位：个。

货运站数量按站级统计，站级划分按部颁标准《汽车货运站（场）级别划分和建设要求》（JT/T 402—1999）执行。

统计分组：按货运站的等级分为：一级站、二级站、三级站和四级站。

货运量：指报告期内，运输车辆实际运送的货物重量。计量单位：万吨。

货物周转量：指报告期内，运输车辆实际运送的每批货物重量与其相应运送距离的乘积之和。计量单位：万吨公里。

计算公式：货物周转量（吨公里）= Σ（运送的每批货物重量 × 该批货物的运送距离）。

货物运输经营业户数：指报告期末，持有道路运输管理机构核发的道路运输经营许可证，所有从事道路货物运输经营活动的企业和个体运输户的数量。计量单位：户。

道路货物运输相关业务经营业户数：持有道路货物运输管理机构核发的道路运输经营许可证，或者在交通运输行业管理机构备案，或者纳入交通运输行业管理，从事道路货物运输相关业务经营活动的业户数。计量单位：户。

货运代办：指受货物收货人、发货人的委托，以委托人或自己的名义，为委托人办理货物运输及相关业务，并收取劳务报酬的行为。通常货运代办方为中间人而非承运人。计量单位：户。

Number of freight stations refers to the number of freight stations that have been approved by the transportation management authority and obtained business license at the end of the reporting period. Unit:unit.

The number of freight stations is calculated by the station grade, and the station grade shall be divided according to *Classification and Construction Requirements of Freight Terminal (JT/T 402—1999)* issued by the Ministry of Transport.

Statistical grouping: Divided into first grade station, second grade station, third grade station and fourth grade station according to the freight station grades.

Freight traffic refers to the actual weight of the cargo carried by the transportation vehicles during the reporting period. Unit of measurement: 10 000 tons.

Freight turnover refers to the sum of the actual weight of each shipment carried by transportation vehicles multiplied by the corresponding transport distance during the reporting period. Unit of measurement: 10 000 ton-km.

Formula: Freight Turnover (ton-km) = Σ (weight of each shipment × the transport distance of the shipment).

Number of road freight transportation operators refers to the number of all enterprises and individual transport operators engaged in the road freight transportation business activities which hold the road transport business license issued by the road transport management authority, at the end of the report period. Unit: unit.

Number of business operators related to road freight transportation refers to the number of those who hold road freight transport business licenses issued by road freight transport management agencies, or filed with transport industry management agencies, or incorporated into transport industry management and engage in road freight transport related business operations. Unit: household.

Freight forwarder refers to the act of handling cargo transportation and related business for clients and collect remuneration for services in the name of the client or himself, entrusted by the consignee or consignor of the goods. Freight forwarders are usually intermediaries rather than carriers. Unit: household.

六、路网运行
ROAD NETWORK

简 要 说 明
Brief Introduction

一、本篇资料反映北京市路网运行的基本情况。主要包括公路交通情况观测站点，公路年平均日交通量等统计资料。

Ⅰ. Statistics in this chapter reflects the basic situation of road network in Beijing, mainly including highway traffic observation station, highway traffic annual average daily traffic volume and so on.

二、调查站点数量指报告期末，辖区内所有交通量调查站点的数量，交通量指在单位时间内，通过公路某一断面的实际车辆数。

Ⅱ. Number of survey stations refers to the number of all traffic survey stations within the jurisdiction at the end of the report period. Traffic volume refers to the actual number of vehicles passing through a cross-section of the highway in unit time.

6-1 公路交通调查管理情况
Highway Traffic Survey Management

指标	Indicator	计量单位	Unit	数量 Number
调查统计管理机构数	Number of Administrations of Survey Statistics	个	unit	31
省 级	Provincial-level	个	unit	8
地市级	Prefecture-level	个	unit	22
县乡级	County-level	个	unit	–
观测点数量	Number of Observation Stations	个	unit	672
按所在公路等级分	By the Grade of the Highway	–	–	–
国道	National Highway	个	unit	89
省道	Provincial Highway	个	unit	184
县道	County Highway	个	unit	399
按站点类型等级分	By Type of Observation Stations	–	–	–
连续式	Continuous Type	个	unit	348
间歇式	Intermittent Type	个	unit	308
比重调查	Proportion Survey	个	unit	16
车速调查路段	Speed Survey Section	个	unit	472
国道	National Highway	个	unit	37
省道	Provincial Highway	个	unit	102
县道	County Highway	个	unit	333
观测人员数量	Number of Observers	人	unit	659
全自动交调设备数量	Quantity of Automatic Traffic Survey Equipment	台 / 套	piece/set	239
半自动交调设备数量	Quantity of Semi-automatic Traffic Survey Equipment	台 / 套	piece/set	4

6-2　国家高速
National Expressway

路线编号 Route Number	路线名称 Route Name		观测里程（公里）Observation Mileage (km)	行驶量（万车公里/日）Vehicle Travel (10 000 vehicle-kms/day)	适应交通量（辆/日）Adaptable Daily Traffic (vehicle/day)	交通拥挤度 Traffic Congestion Degrees	地点车速（公里/时）Spot Speed (km/h)
	合　计	**Total**	**304.7**	**1 667.0**	**66 012**	**0.8**	**10.4**
G1	北京－哈尔滨高速公路	Beijing-Harbin Expressway	6.5	32.8	100 000	0.5	66.0
G2	北京－上海高速公路	Beijing-Shanghai Expressway	1.8	7.8	80 000	0.6	–
G4	北京－港澳高速公路	Beijing－Gang'ao Expressway	15.5	176.8	55 000	2.1	–
G6	北京－拉萨高速公路	Beijing-Lhasa Expressway	16.5	121.2	80 000	0.9	58.4
G7	北京－乌鲁木齐高速公路	Beijing-Urumqi Expressway	7.0	21.7	20 000	1.5	66.9
G45	大庆－广州高速公路	Daqing－Guangzhou Expressway	162.4	865.2	78 639	0.7	59.4
G4501	北京六环高速	6th Ring Road Expressway of Beijing	95.0	441.1	44 606	1.0	–

公路交通量
Traffic

汽车平均日交通量（辆 / 日） Average Daily Vehicle Traffic (vehicle/day)								
当量合计 Total of Equivalent	自然合计 Total of Natural Number	小型货车 Mini Truck	中型货车 Medium Truck	大型货车 Large Truck	特大货车 Extra-large Truck	集装箱车 Container Car	中小客车 Mini-medium Bus	大客车 Large Bus
54 701	**40 367**	**2 615**	**1 810**	**2 278**	**1 996**	**730**	**29 522**	**1 429**
50 488	41 046	2 390	1 752	829	1 563	402	32 042	2 089
44 181	38 964	5 309	3 693	227	0	909	28 448	378
114 047	104 213	1 839	1 837	891	1 081	88	91 219	7 261
73 468	61 730	1 652	1 743	1 833	1 286	821	52 610	1 799
30 942	8 523	602	129	220	7 098	208	267	2
53 279	45 372	3 510	2 173	1 272	717	493	35 866	1 363
46 427	20 014	1 493	1 292	4 592	4 145	1284	6 607	606

6-3 普通国
Ordinary National

路线编号 Route Number	路线名称 Route Name		观测里程（公里）Observation Mileage (km)	机动车平均日交通量（辆 / 日）Average Daily Motor Vehicle Traffic (vehicle/day)		行驶量（万车公里 / 日）Vehicle Travel (10 000 vehicle-kms/day)	适应交通量（辆 / 日）Adaptable Daily Traffic (vehicle/day)	交通拥挤度 Traffic Congestion Degrees
				当量合计 Total of Equivalent	自然合计 Total of Natural Number			
	合　计	**Total**	**460.4**	**14 466**	**9 825**	**666.0**	**23 513**	**0.6**
G101	北京 – 沈阳公路	Beijing–Shenyang Highway	78.5	21 667	12 924	170.1	30 083	0.7
G102	北京 – 哈尔滨公路	Beijing–Harbin Highway	6.8	55 696	49 092	38.0	44 722	1.2
G103	北京 – 塘沽公路	Beijing–Tanggu Highway	14.4	49 839	34 515	72.0	30 000	1.7
G104	北京 – 福州公路	Beijing–Fuzhou Highway	14.5	33 337	25 001	48.4	21 029	1.6
G106	北京 – 广州公路	Beijing–Guangzhou Highway	25.7	45 234	25 903	116.3	80 000	0.6
G107	北京 – 深圳公路	Beijing–Shenzhen Highway	18.4	21 097	16 862	38.7	18 903	1.1
G108	北京 – 昆明公路	Beijing–Kunming Highway	80.9	2 844	2 401	23.0	21 006	0.1
G109	北京 – 拉萨公路	Beijing–Lhasa Highway	96.9	4 133	3 378	40.0	15 000	0.3
G110	北京 – 银川公路	Beijing–Yinchuan Highway	36.3	13 084	5 978	47.5	16 280	0.8
G111	北京 – 加格达奇公路	Beijing–Jiagedaqi Highway	87.9	8 179	6 801	71.9	14 468	0.6

道交通量
Highway Traffic

地点车速（公里/时）Spot Speed (km/h)	汽车平均日交通量（辆/日）Average Daily Vehicle Traffic (vehicle/day)								
	当量合计 Total of Equivalent	自然合计 Total of Natural Number	小型货车 Mini Truck	中型货车 Medium Truck	大型货车 Large Truck	特大货车 Extra-large Truck	集装箱车 Container Car	中小客车 Mini-medium Bus	大客车 Large Bus
28.8	**14 412**	**9 771**	**779**	**1 037**	**409**	**741**	**314**	**6 203**	**299**
39.2	21 606	12 863	922	1 408	813	1 372	694	7 236	424
54.7	55 696	49 092	2 091	1 654	501	811	493	41 621	2 015
58.2	49 439	34 115	2 244	1 845	629	2 489	1 640	23 758	1 517
48.8	33 337	25 001	2 059	1 500	613	920	1 119	18 294	503
65.7	45 234	25 903	1 620	7 350	1 005	3 128	1 331	10 715	862
39.7	20 680	16 446	1 516	1 288	683	616	64	11 926	360
63.6	2 844	2 401	330	88	90	61	6	1 779	52
47.1	4 090	3 336	451	145	80	150	15	2 446	55
39.5	13 084	5 978	578	694	813	1 454	214	1 957	275
42.5	8 151	6 774	559	550	234	167	21	5 099	150

6-4 普通省
Ordinary Provincial

路线编号 Route Number	路线名称 Route Name		观测里程（公里）Observation Mileage (km)	机动车平均日交通量（辆/日）Average Daily Motor Vehicle Traffic (vehicle/day)		行驶量（万车公里/日）Vehicle Travel (10 000 vehicle-kms/day)	适应交通量（辆/日）Adaptable Daily Traffic (vehicle/day)
				当量合计 Total of Equivalent	自然合计 Total of Natural Number		
	合　计	**Total**	**1 138.8**	**15 042**	**10 321**	**1713.0**	**17 753**
S201	通顺路	Tongshun Road	15.9	36 027	26 490	57.3	46 822
S202	张采路	Zhangcai Road	4.7	36 199	29 515	16.9	30 000
S203	顺密路	Shunmi Road	12.7	28 041	17 409	35.7	30 102
S204	密三路	Misan Road	34.7	12 936	7 846	44.9	22 000
S205	密关路	Miguan Road	26.1	12 870	9 379	33.6	10 311
S206	平三路	Pingsan Road	0.2	8 475	5 071	0.2	30 000
S208	阎河路	Yanhe Road	40.0	8 058	6 882	32.2	15 000
S209	石担路	Shidan Road	17.1	26 687	19 693	45.7	27 371
S210	三温路	Sanwen Road	6.4	9 886	8 286	6.3	15 000
S211	斋幽路	Zhaiyou Road	25.0	809	641	2.0	15 000
S212	昌赤路	Changchi Road	28.6	3 733	3 226	10.7	9 112
S213	安四路	Ansi Road	45.7	7 416	6 651	33.9	21 260
S214	富壁路	Fubi Road	10.1	19 871	15 890	20.0	55 000
S215	京开辅路	Jingkai Side Road	25.1	21 476	15 321	53.9	15 000
S216	G6 辅路	G6 Side Road	17.5	12 959	10 666	22.7	12 041
S217	康张路	Kangzhang Road	8.8	11 341	6 288	10.0	15 000
S218	温南路	Wennan Road	15.0	18 108	15 829	27.1	15 000
S219	南雁路	Nanyan Road	42.5	2 679	2 195	11.4	11 317
S220	延康路	Yankang Road	13.3	18 199	12 015	24.1	15 000
S221	孔兴路	Kongxing Road	6.1	13 020	11 589	7.9	15 000
S222	崔杏路	Cuixing Road	1.7	13 054	7 953	2.2	15 000
S223	漷小路	Huoxiao Road	11.3	6 263	4 032	7.1	15 000
S224	木燕路	Muyan Road	14.7	18 798	11 759	27.7	15 000
S225	机场东路	Airport East Road	7.5	37 513	29 432	28.1	55 000
S226	马朱路	Mazhu Road	7.4	24 342	16 811	18.0	15 000
S227	杨雁路	Yangyan Road	6.7	8 905	7 429	5.9	15 000
S228	南中轴路	South Zhongzhou Road	17.6	26 649	16 845	47.0	20 596
S229	宋梁路	Songliang Road	7.3	34 798	22 342	25.2	30 000
S230	平程路	Pingcheng Road	10.2	5 912	4 940	6.0	10 518
S231	平兴路	Pingxing Road	8.7	3 801	2 843	3.3	15 000
S232	妫川路	Guichuan Road	14.7	22 408	15 584	33.0	15 000

道交通量
Highway Traffic

交通拥挤度 Traffic Congestion Degrees	地点车速（公里/时）Spot Speed (km/h)	汽车平均日交通量（辆/日）Average Daily Vehicle Traffic (vehicle/day)								
		当量合计 Total of Equivalent	自然合计 Total of Natural Number	小型货车 Mini Truck	中型货车 Medium Truck	大型货车 Large Truck	特大货车 Extra-large Truck	集装箱车 Container Car	中小客车 Mini-medium Bus	大客车 Large Bus
0.8	**45.4**	**14 959**	**10 239**	**927**	**687**	**373**	**646**	**502**	**6 729**	**377**
0.8	42.1	36 027	26 490	3 818	1 294	1 214	1 800	244	17 453	675
1.2	43.7	36 199	29 515	2 503	1 926	593	1 211	193	22 439	653
0.9	43.9	28 041	17 409	1 362	1 534	747	1 717	947	10 327	783
0.6	41.1	12 936	7 846	739	660	554	833	350	4 495	222
1.2	57.4	12 870	9 379	1 324	511	185	238	680	6 209	239
0.3	53.0	8 475	5 071	394	587	168	725	164	2 813	224
0.5	48.8	8 058	6 882	271	250	204	158	32	5 808	166
1.0	64.7	26 687	19 693	886	1 778	456	1 424	118	13 888	1 149
0.7	43.8	9 886	8 286	762	395	156	276	34	6 328	340
0.1	23.2	809	641	37	31	11	43	–	515	6
0.4	50.7	3 710	3 204	194	90	65	42	46	2 618	156
0.3	59.2	6 217	5 456	290	150	58	138	25	4 632	168
0.4	45.2	19 871	15 890	1 435	1 191	328	733	82	11 549	576
1.4	42.3	21 476	15 321	1 809	563	810	1 210	135	10 343	457
1.1	41.3	12 890	10 599	606	1 356	210	107	219	7 663	443
0.8	44.8	11 341	6 288	732	328	409	1 209	119	3 318	178
1.2	42.6	17 702	15 439	492	2 014	210	144	26	11 891	668
0.2	52.9	2 664	2 181	192	70	74	80	11	1 693	66
1.2	39.9	18 199	12 015	1 335	1 214	354	703	867	7 212	336
0.9	42.2	13 020	11 589	1 914	652	102	226	26	8 376	296
0.9	39.2	13 054	7 953	464	687	705	916	106	4 511	567
0.4	39.6	6 263	4 032	183	434	166	440	86	2 507	223
1.3	50.2	18 798	11 759	1 388	1 052	619	1 470	270	6 833	134
0.7	59.3	37 513	29 432	2 316	2 261	610	1 458	236	21 244	1 315
1.6	52.8	24 342	16 811	1 356	1 263	523	1 287	537	11 072	780
0.6	57.3	8 905	7 429	548	295	143	177	165	6 063	40
1.3	42.9	26 649	16 845	1 301	1 134	557	1 402	1 067	9 946	1 442
1.2		34 798	22 342	841	2 394	909	2 390	631	14 422	755
0.6	40.7	5 912	4 940	206	143	91	153	81	4 221	52
0.3	62.9	3 801	2 843	174	162	141	130	33	1 988	218
1.5	48.6	22 408	15 584	1 029	702	391	607	1 122	10 712	1 028

6-4

路线编号 Route Number	路线名称 Route Name		观测里程（公里）Observation Mileage (km)	机动车平均日交通量（辆／日）Average Daily Motor Vehicle Traffic (vehicle/day)		行驶量（万车公里／日）Vehicle Travel (10 000 vehicle-kms/day)	适应交通量（辆／日）Adaptable Daily Traffic (vehicle/day)
				当量合计 Total of Equivalent	自然合计 Total of Natural Number		
S233	怀雁路	Huaiyan Road	5.7	21 686	20 064	12.4	55 000
S301	通香路	Tongxiang Road	3.9	20 775	12 438	8.1	30 000
S302	通马路	Tongma Road	4.3	29 203	17 539	12.6	15 000
S304	通房路	Tongfang Road	10.9	16 077	9 822	17.6	26 836
S305	顺平路	Shunping Road	24.2	31 488	21 800	76.3	35 263
S306	武兴路	Wuxing Road	7.2	19 252	13 047	13.8	15 000
S307	刘田路	Liutian Road	9.6	5 472	3 187	5.2	15 000
S308	怀长路	Huaichang Road	46.5	7 197	5 828	33.5	11 248
S309	滦赤路	Luanchi Road	21.4	1 692	1 032	3.6	10 884
S310	琉辛路	Liuxin Road	61.2	2 852	1 612	17.5	6 000
S311	密兴路	Mixing Road	6.4	6 701	3 595	4.3	15 000
S312	松曹路	Songcao Road	38.6	2 984	1 686	11.5	6 000
S313	岳琉路	Yueliu Road	13.5	15 192	9 811	20.6	30 000
S314	平蓟路	Pingji Road	12.5	8 650	6 594	10.8	15 000
S315	京良路	Jingliang Road	6.5	18 755	13 500	12.1	15 000
S316	黄良路	Huangliang Road	14.6	20 184	12 066	29.5	27 752
S317	京周路	Jingzhou Road	26.7	54 447	40 586	145.5	30 000
S318	房易路	Fangyi Road	32.8	14 960	9 908	49.1	15 000
S319	良坨路	Liangtuo Road	10.9	15 698	11 502	17.1	15 000
S321	顺沙路	Shunsha Road	26.4	28 104	16 605	74.1	22 906
S322	黄马路	Huangma Road	8.3	55 865	31 532	46.5	46467
S323	延琉路	Yanliu Road	55.1	6 471	4 065	35.7	12 220
S324	沙阳路	Shayang Road	1.5	28 839	21 100	4.3	55 000
S325	八达岭路	Badaling Road	7.2	12 719	9167	9.2	9 137
S326	大件路	Dajian Road	10.8	39 255	25 118	42.6	30 000
S327	定泗路	Dingsi Road	11.5	27 433	21 206	31.6	15 000
S328	良三路	Liangsan Road	21.8	8 804	6 608	19.2	15 000
S329	黄亦路	Huangyi Road	16.2	23 515	15 374	38.2	15 000
S330	昌金路	Changjin Road	54.7	14 479	8 100	79.2	15 000
S331	顺平南线	Shunping South Line	42.9	15 718	9 523	67.4	15 000
S332	龙塘路	Longtang Road	16.2	26 484	13 380	43.0	15 000
S335	白马路	Baima Road	5.6	37 579	26 349	21.2	55 000

（续表一）

交通拥挤度 Traffic Congestion Degrees	地点车速（公里/时）Spot Speed (km/h)	汽车平均日交通量（辆/日）Average Daily Vehicle Traffic (vehicle/day)								
		当量合计 Total of Equivalent	自然合计 Total of Natural Number	小型货车 Mini Truck	中型货车 Medium Truck	大型货车 Large Truck	特大货车 Extra-large Truck	集装箱车 Container Car	中小客车 Mini-medium Bus	大客车 Large Bus
0.4		21 553	19 932	728	257	119	330	4	18 029	467
0.7	45.2	20 775	12 438	1 955	615	1 045	1 171	777	6 680	199
1.9	35.3	29 203	17 539	1 055	1 237	677	1 849	1 175	10 302	1 248
0.6	44.2	16 077	9 822	802	1 136	331	778	854	5 650	278
0.9	45.0	31 488	21 800	1 637	1 293	637	987	1 426	14 755	1 070
1.3	49.4	19 252	13 047	1 231	1 497	262	832	767	8 180	283
0.4	62.1	5 472	3 187	376	219	262	181	369	1 762	26
0.6	59.5	6 866	5 525	374	96	53	45	321	4 453	189
0.2	49.6	1 669	1 009	100	76	47	93	83	600	15
0.5	43.4	2 850	1 611	160	176	70	99	233	831	47
0.4	49.9	6 701	3 595	221	216	144	443	452	2 069	53
0.5	38.5	2 984	1 686	247	169	64	114	238	782	78
0.5	32.1	15 192	9 811	799	652	168	878	626	6 273	419
0.6	43.2	8 650	6 594	814	391	185	250	208	4 506	246
1.3	74.6	18 755	13 500	549	758	327	372	927	9 914	657
0.7	44.3	20 184	12 066	1 134	1 153	658	1 158	874	6 821	274
1.8	54.3	54 447	40 586	6 825	2 222	1 818	1 320	1 483	25 496	1 429
1.0	44.4	14 960	9 908	489	839	411	501	664	6 363	648
1.0	55.6	15 698	11 502	994	384	264	329	811	8 600	125
1.2	54.2	28 064	16 583	1 523	1 463	579	2 091	1 040	9 479	414
1.2	45.1	55 865	31 532	2 967	2 417	2 498	2 095	3 793	16 821	947
0.5	52.2	6 469	4 062	450	437	214	295	279	2 297	98
0.5	35.1	28 799	21 060	795	1 134	215	588	1 588	16 306	438
1.4	46.7	12 719	9 167	471	238	118	314	658	6 796	578
1.3	53.7	39 255	25 118	2 622	946	1 130	2 000	1 731	16 261	432
1.8	40.5	26 224	19 997	1 713	1 826	394	68	1 346	14 078	575
0.6	45.3	8 804	6 608	190	224	95	118	490	5 347	149
1.6	44.7	23 515	15 374	1 014	824	605	97	1 995	10 347	498
1.0	38.4	14 479	8 100	492	534	354	1 077	669	4 629	353
1.0	44.4	15 718	9 523	823	704	569	1 094	417	5 560	364
1.8	36.7	26 484	13 380	581	1 138	670	2 619	983	6 599	796
0.7	70.1	37 579	26 349	5 239	1 288	708	1 012	1 946	15 550	614

主要统计指标解释

调查管理机构数量：指报告期末，辖区内所有公路交通量调查管理机构的数量。计量单位：个。

统计分组：按调查管理机构行政级别分为：省级、地（市）级、县乡级调查管理机构。

调查站点数量：指报告期末，辖区内所有交通量调查站点的数量。计量单位：个。

统计分组：一般按调查站点所在公路行政等级及调查站点设置目的进行分组。按设置目的分为：连续式调查站点、间歇式调查站点、比重调查站、车速调查路段。其中"连续式""间隙式"调查站点是指为进行交通量观测而设置的调查站，"比重调查站"是指为进行公路比重调查而设置的调查站，"车速调查路段"是指进行行程车速调查的路段。

观测里程：指调查站点所在的路段区间，也称代表路段长度。计量单位：公里。

平均日交通量：指平均每日通过公路某一断面的实际车辆数。计量单位：辆/日。

计算方法：观测记录一定时间内通过公路某一断面各种类型车辆的数量。"平均日交通量"为观测期间的交通量总数除以观测天数；"月平均日交通量"为月交通量总数除以当月的天数；"年平均日交通量"为全年交通量总和除以全年总天数。

折算交通量：指在单位时间内通过公路某一断面的折算车辆数，即折算成标准当量小客车的交通量。计量单位：辆/日。

计算方法：每类车辆的交通量与该类车辆的折算系数乘积之和。

公路交通情况调查机动车型折算系数参考值

车型	汽车							摩托车	拖拉机
一级分类	小型车		中型车		大型车	特大型车			
二级分类	中小客车	小型货车	大客车	中型货车	大型货车	特大型车	集装箱车		
参考折算系数	1	1	1.5	1.5	3	4	4	1	4

Explanatory Notes on Main Statistical Indicators

Number of survey management organizations refers to the number of all highway traffic survey management organizations within the jurisdiction at the end of a report. Unit:unit.

Statistical grouping: According to the administrative level of the survey management organization, it is divided into: provincial level, local (city) level, county and township level.

Number of survey stations refers to the number of all traffic survey stations within the jurisdiction at the end of the report. Unit:unit.

Statistical grouping: General by the highway administration grade and setting purposes of survey site. According to the purpose of setting, it can be divided into continuous survey station, intermittent survey station, specific gravity survey station and speed survey section. Among them, "continuous" and "intermittent" survey stations refer to the survey stations set up for traffic volume observation, ""specific gravity survey stations" refer to the survey stations set up for highway proportion survey, and "speed survey section" refers to the section for road travel speed survey.

Observation mileage refers to the section where the survey site is located, also called the length of example section. Unit: km.

Average daily traffic volume refers to the average number of actual vehicles passing through a section of the highway every day. Unit: vehicle/day.

Calculation method: Observe and record the number of various types of vehicles passing through the section of the highway in a certain period of time. "Average daily traffic volume" is the number of the total traffic volume during observation period divided by the number of days observed; "Monthly average daily traffic volume" is the number of total traffic volume of one month divided by the days in the month; "Annual average daily traffic volume" is the number of total traffic volume of one year divided by the total number of days in the year.

Converted traffic volume refers to the number of converted vehicles passing a section of the highway per unit time, which is converted into the traffic volume of standard equivalent passenger cars. Unit: vehicle/day.

Calculation method: The sum of the traffic volume for each type of vehicle multiplied by the commutative coefficient of this type of vehicle.

Highway Traffic Survey Reference Value of Conversion Coefficient of Motor Vehicle Type

Vehicle type	Vehicle							Motorcycle	Tractor
Classification Ⅰ	Mini Vehicle		Medium Vehicle		Large Vehicle	Extra-large Vehicle			
Classification Ⅱ	Mini-medium Bus	Mini Truck	Large Bus	Medium Truck	Large Truck	Extra-large Truck	Container Car		
Reference Conversion Coefficient	1	1	1.5	1.5	3	4	4	1	4

七、附　　录
APPENDIX

7-1　北京、天津、河北、上海公路基本情况
Highway of Beijing&Tianjin&Hebei&Shanghai

指标	Indicator	计量单位	Unit	北京 Beijing	天津 Tianjin	河北 Hebei	上海 Shanghai
公路里程全国排名	Highway Length National Ranking	位次	number-time	29	30	11	31
高速公路里程全国排名	Expressway Length National Ranking	位次	number-time	28	27	3	29
公路密度（以国土面积计算）	Highway Density (by Territorial Area)	公里 / 百平方公里	km/100 sq. kms	134.22	140.87	100.39	209.63
公路里程	Length of Highway	公里	km	22 026	16 764	188 431	13 292
按行政等级分	By Administrative Level	–	–	–	–	–	–
国道	National Highway	公里	km	1 883	1 528	15 305	715
其中：国家高速公路	of which: National Expressway	公里	km	618	547	5 094	477
省道	Provincial Highway	公里	km	1 895	2 252	9 779	1 023
县道	County Highway	公里	km	3 861	1 317	12 449	2 934
乡道	Township Highway	公里	km	7 981	3 935	45 716	7 101
专用公路	Special Highway	公里	km	610	1 007	1 785	–
村道	Village Highway	公里	km	5 795	6 724	103 397	1 519
按技术等级分	By Technical Level	–	–	–	–	–	–
高速公路	Expressway	公里	km	1 013	1 208	6 502	825
一级公路	Class I Highway	公里	km	1 405	1 214	5 560	483
二级公路	Class II Highway	公里	km	3 420	3 215	19 902	3 535
三级公路	Class III Highway	公里	km	4 147	1 270	19 593	2 728
四级公路	Class IV Highway	公里	km	12 040	9 857	131 069	5 721
等外公路	Substandard Highway	公里	km	–	–	5 805	–
按路面材料分	By Pavement materials	–	–	–	–	–	–
沥青混凝土路面	Asphalt Concrete Pavement	公里	km	16 538	12 634	59 778	6 560
水泥混凝土路面	Cement Concrete Pavement	公里	km	5 034	4 130	99 352	6 733
简易铺装路面	Simple Pavement	公里	km	–	–	9 853	–
未铺装路面	Unpaved	公里	km	454	–	19 448	–
公路桥梁座数	Number of Highway Bridges	座	bridge	6 485	2 922	41 143	11 266
公路隧道处数	Number of Highway Tunnels	处	tunnel	123	4	648	2

7-2 全国公路里程（按行政等级分）
Length of Nationwide Highway (By Administrative Level)

单位：公里
Unit:km

地区	Region	总计 Total	国道 National Highway	国高 National Expressway	省道 Provincial Highway	县道 County Highway	乡道 Township Highway	专用公路 Special Highway	村道 Village Highway
全国总计	**National Total**	**4 696 263**	**354 849**	**99 159**	**313 324**	**562 103**	**1 147 192**	**68 325**	**2 250 469**
北　京	Beijing	22 026	1 883	618	1 895	3 861	7 981	610	5 795
天　津	Tianjin	16 764	1 528	547	2 252	1 317	3 935	1 007	6 724
河　北	Hebei	188 431	15 305	5 094	9 779	12 449	45 716	1 785	103 397
山　西	Shanxi	142 066	11 096	3 193	6 701	19 961	48 896	546	54 865
内蒙古	Inner Mongolia	196 061	20 753	4 213	17 170	38 747	39 367	962	79 061
辽　宁	Liaoning	120 613	10 549	3 442	10 447	8 950	30 838	887	58 942
吉　林	Jilin	102 484	9 771	2 548	4 737	10 712	28 175	1 591	47 498
黑龙江	Heilongjiang	164 502	14 752	3 382	12 968	3 332	49 729	18 646	65 074
上　海	Shanghai	13 292	715	477	1 023	2 934	7 101	–	1 519
江　苏	Jiangsu	157 304	8 285	3 440	7 105	23 522	52 748	166	65 478
浙　江	Zhejiang	119 053	7 262	3 060	4 563	28 775	19 569	620	58 264
安　徽	Anhui	197 588	10 900	3 574	4 461	23 604	36 541	1 002	121 080
福　建	Fujian	106 757	10 404	3 412	5 196	14 996	41 134	118	34 909
江　西	Jiangxi	161 909	11 827	4 143	12 615	21 728	41 851	567	73 321
山　东	Shandong	265 720	12 661	4 456	12 547	23 247	32 429	2 218	182 618
河　南	Henan	267 441	13 925	4 237	23 142	27 285	59 005	–	144 085
湖　北	Hubei	260 179	14 078	4 792	19 269	10 506	61 334	743	154 248
湖　南	Hunan	238 273	13 509	4 714	23 757	41 470	54 422	1 534	103 582
广　东	Guangdong	218 085	14 349	5 170	11 056	17 466	102 538	388	72 288
广　西	Guangxi	120 547	14 199	3 226	10 081	18 024	28 284	363	49 595
海　南	Hainan	28 217	2 159	779	1 399	2 858	6 319	25	15 457
重　庆	Chongqing	142 921	7 888	2 481	10 008	7 043	14 483	558	102 941
四　川	Sichuan	324 138	22 059	4 634	4 695	37 959	52 219	5 084	202 121
贵　州	Guizhou	191 626	11 620	3 179	19 980	34 456	45 827	–	79 744
云　南	Yunnan	238 052	18 848	3 663	23 731	50 825	106 417	3 403	34 829
西　藏	Tibet	82 096	13 399	–	15 163	18 351	11 402	4 485	19 297
陕　西	Shaanxi	172 471	13 385	4 434	3 352	16 028	23 723	2 166	113 818
甘　肃	Gansu	143 039	13 664	4 310	16 686	7 831	10 406	2 556	91 895
青　海	Qinghai	78 585	12 849	2 820	4 187	8 920	15 212	1 127	36 291
宁　夏	Ningxia	33 940	3 753	1 337	2 836	798	8 981	2 133	15 439
新　疆	Xinjiang	182 085	17 474	3 784	10 523	24 150	60 611	13 034	56 293

7-3　全国公路里程（按技术等级分）
Length of Nationwide Highway (By Technical Level)

单位：公里
Unit:km

地区	Region	总计 Total	等级公路 Standard Highway						等外公路 Substandard Highway
			合计 Total	高速 Expressway	一级 Class I	二级 Class II	三级 Class III	四级 Class IV	
全国总计	**National Total**	**4 696 263**	**4 226 543**	**130 973**	**99 152**	**371 102**	**424 443**	**3 200 874**	**469 719**
北　京	Beijing	22 026	22 026	1 013	1 405	3 420	4 147	12 040	–
天　津	Tianjin	16 764	16 764	1 208	1 214	3 215	1 270	9 857	–
河　北	Hebei	188 431	182 626	6 502	5 560	19 902	19 593	131 069	5 805
山　西	Shanxi	142 066	139 110	5 265	2 576	15 397	18 891	96 980	2 956
内蒙古	Inner Mongolia	196 061	188 340	5 153	6 682	16 913	32 348	127 244	7 721
辽　宁	Liaoning	120 613	107 959	4 195	4 063	17 913	32 172	49 617	12 654
吉　林	Jilin	102 484	97 158	3 113	2 081	9 432	9 107	73 425	5 326
黑龙江	Heilongjiang	164 502	138 512	4 350	2 393	11 552	34 321	85 896	25 990
上　海	Shanghai	13 292	13 292	825	483	3 535	2 728	5 721	–
江　苏	Jiangsu	157 304	154 405	4 657	12 955	23 054	15 902	97 837	2 899
浙　江	Zhejiang	119 053	116 869	4 062	6 359	10 162	8 083	88 202	2 184
安　徽	Anhui	197 588	194 136	4 543	3 833	10 727	20 332	154 701	3 453
福　建	Fujian	106 757	89 829	4 831	1 035	10 051	8 384	65 528	16 927
江　西	Jiangxi	161 909	134 025	5 894	2 618	10 643	12 723	102 147	27 883
山　东	Shandong	265 720	264 752	5 710	10 026	24 476	25 183	199 357	968
河　南	Henan	267 441	230 288	6 448	3 065	26 180	21 033	173 563	37 153
湖　北	Hubei	260 179	249 819	6 204	5 460	22 005	10 707	205 443	10 360
湖　南	Hunan	238 273	215 904	6 080	1 568	13 567	5 582	189 108	22 369
广　东	Guangdong	218 085	204 614	7 683	11 332	19 200	18 838	147 561	13 471
广　西	Guangxi	120 547	108 947	4 603	1 372	11 934	8 016	83 021	11 600
海　南	Hainan	28 217	27 732	795	371	1 739	1 585	23 242	485
重　庆	Chongqing	142 921	115 955	2 817	713	7 479	5 474	99 471	26 966
四　川	Sichuan	324 138	279 200	6 523	3 628	14 509	13 746	240 793	44 938
贵　州	Guizhou	191 626	132 264	5 434	1 140	6 681	7 483	111 527	59 363
云　南	Yunnan	238 052	200 898	4 134	1 196	11 752	8 618	175 198	37 154
西　藏	Tibet	82 096	71 356	38	266	1 036	8 473	61 543	10 741
陕　西	Shaanxi	172 471	156 844	5 181	1 580	8 990	15 340	125 752	15 627
甘　肃	Gansu	143 039	125 085	4 827	405	9 312	13 441	97 101	17 954
青　海	Qinghai	78 585	69 956	2 878	622	7 058	5 133	54 264	8 629
宁　夏	Ningxia	33 940	33 767	1 609	1 826	3 595	6 660	20 075	174
新　疆	Xinjiang	182 085	144 113	4 395	1 323	15 671	29 130	93 593	37 972

7-4 全国高速公路里程
Length of Nationwide Expressway

单位：公里
Unit:km

地区 Region		高速公路 Expressway 合计 Total	四车道 Tour-lane	六车道 Six-lane	八车道及以上 Eight-lane and above	车道里程 Length of Lane
全国总计	National Total	**130 973**	**108 256**	**17 644**	**5 073**	**579 471**
北　京	Beijing	1 013	450	497	65	5 308
天　津	Tianjin	1 208	354	728	127	6 795
河　北	Hebei	6 502	4 279	1 719	505	31 466
山　西	Shanxi	5 265	4 379	884	3	22 842
内蒙古	Inner Mongolia	5 153	4 655	273	225	22 056
辽　宁	Liaoning	4 195	3 208	337	650	20 053
吉　林	Jilin	3 113	2 953	62	98	12 967
黑龙江	Heilongjiang	4 350	4 350	–	–	17 398
上　海	Shanghai	825	261	365	200	4 829
江　苏	Jiangsu	4 657	2 610	1 757	290	23 305
浙　江	Zhejiang	4 062	3 027	675	360	19 039
安　徽	Anhui	4 543	4 182	306	55	19 000
福　建	Fujian	4 831	3 783	803	245	21 911
江　西	Jiangxi	5 894	5 590	203	102	24 390
山　东	Shandong	5 710	4 762	925	24	24 783
河　南	Henan	6 448	4 909	511	1 027	30 921
湖　北	Hubei	6 204	5 834	324	46	25 651
湖　南	Hunan	6 080	5 758	321	–	24 961
广　东	Guangdong	7 683	3 567	3 581	535	40 033
广　西	Guangxi	4 603	4 417	117	69	18 922
海　南	Hainan	795	795	–	–	3 181
重　庆	Chongqing	2 817	2 386	431	–	12 133
四　川	Sichuan	6 523	5 875	648	–	27 388
贵　州	Guizhou	5 434	5 288	145	–	22 024
云　南	Yunnan	4 134	3 332	714	89	18 318
西　藏	Tibet	38	38	–	–	151
陕　西	Shaanxi	5 181	3 921	914	347	23 941
甘　肃	Gansu	4 827	4 648	166	13	19 694
青　海	Qinghai	2 878	2 746	132	–	11 780
宁　夏	Ningxia	1 609	1 590	20	–	6 477
新　疆	Xinjiang	4 395	4 309	86	–	17 753

7-5　全国公路密度及通达率
Density and Service Rate of Nationwide Highway

地区 Region		公路密度 Highway Density		公路通达率（%） Highway Service Rate（%）			
		以国土面积计算（公里/百平方公里） By Territorial Area (kms/100 sq. kms)	以人口计算（公里/万人） By Population (km/10 000 persons)	乡（镇） Township (town)	通硬化路面所占比重 Proportion of Hardened Pavement	行政村 Administrative Village	通硬化路面所占比重 Proportion of Hardened Pavement
全国总计	**National Total**	**48.92**	**33.96**	**99.99**	**99.00**	**99.94**	**96.69**
北　京	Beijing	134.22	10.91	100.00	100.00	100.00	100.00
天　津	Tianjin	140.87	10.84	100.00	100.00	100.00	100.00
河　北	Hebei	100.39	25.20	100.00	100.00	100.00	100.00
山　西	Shanxi	90.89	38.77	100.00	100.00	99.93	99.54
内蒙古	Inner Mongolia	16.57	79.28	100.00	100.00	99.98	96.02
辽　宁	Liaoning	82.67	28.52	100.00	100.00	100.00	100.00
吉　林	Jilin	54.69	38.50	100.00	100.00	100.00	100.00
黑龙江	Heilongjiang	36.23	42.91	100.00	100.00	100.00	99.96
上　海	Shanghai	209.63	5.50	100.00	100.00	100.00	100.00
江　苏	Jiangsu	153.32	19.76	100.00	100.00	100.00	100.00
浙　江	Zhejiang	116.95	24.43	100.00	100.00	99.81	99.81
安　徽	Anhui	151.99	28.43	100.00	100.00	99.99	99.99
福　建	Fujian	87.94	27.81	100.00	100.00	100.00	100.00
江　西	Jiangxi	97.01	35.46	100.00	100.00	100.00	100.00
山　东	Shandong	169.57	27.72	100.00	100.00	100.00	100.00
河　南	Henan	160.14	24.79	100.00	100.00	100.00	100.00
湖　北	Hubei	139.96	44.43	100.00	100.00	100.00	100.00
湖　南	Hunan	112.50	35.13	100.00	100.00	99.97	99.94
广　东	Guangdong	122.59	20.10	100.00	100.00	100.00	100.00
广　西	Guangxi	50.93	21.85	100.00	100.00	99.97	95.77
海　南	Hainan	83.24	31.09	100.00	100.00	99.97	99.91
重　庆	Chongqing	173.45	49.37	100.00	100.00	100.00	84.29
四　川	Sichuan	66.48	35.60	100.00	97.19	99.74	91.85
贵　州	Guizhou	108.82	54.60	100.00	100.00	100.00	81.31
云　南	Yunnan	60.42	50.20	100.00	100.00	99.89	89.59
西　藏	Tibet	6.68	253.38	99.71	66.19	99.34	34.97
陕　西	Shaanxi	83.89	45.69	100.00	100.00	100.00	92.39
甘　肃	Gansu	31.48	55.23	100.00	100.00	100.00	86.91
青　海	Qinghai	10.90	136.92	100.00	98.57	100.00	92.14
宁　夏	Ningxia	51.12	51.31	100.00	100.00	100.00	95.16
新　疆	Xinjiang	10.97	80.43	100.00	99.40	99.04	96.63

7-6 全国公路客、货运输量
National Passenger and Freight Traffic of Highway

地区	Region	客运量（万人）Passenger and Freight Traffic (10 000 persons)	旅客周转量（万人公里）Turnover of Passenger Traffic (10 000 person-kms)	货运量（万吨）Freight Traffic (10 000 tons)	货物周转量（万吨公里）Turnover of Freight Traffic (10 000 ton-kms)
全国总计	**National Total**	**1 542 758.67**	**102 287 076.53**	**3 341 259.35**	**610 800 967.79**
北　京	Beijing	48 040.35	1 176 740.32	19 972.00	1 613 192.00
天　津	Tianjin	13 741.00	783 880.00	32 841.00	3 724 922.00
河　北	Hebei	39 925.11	2 441 786.04	189 822.12	72 945 913.49
山　西	Shanxi	18 701.85	1 411 423.90	102 199.65	14 520 591.16
内蒙古	Inner Mongolia	10 347.00	1 527 499.00	130 613.00	24 236 409.00
辽　宁	Liaoning	59 054.00	3 067 031.00	177 371.00	29 367 566.00
吉　林	Jilin	27 186.00	1 687 249.00	40 777.00	10 847 715.00
黑龙江	Heilongjiang	28 550.00	2 000 960.00	42 897.00	9 047 557.60
上　海	Shanghai	3 402.00	1 149 761.00	39 055.00	2 819 765.00
江　苏	Jiangsu	113 493.88	7 799 807.83	117 166.00	21 403 315.00
浙　江	Zhejiang	83 033.00	4 651 202.00	133 999.00	16 267 849.00
安　徽	Anhui	70 523.00	4 912 659.00	244 526.00	49 157 085.00
福　建	Fujian	39 137.19	2 519 469.77	85 769.64	10 946 980.84
江　西	Jiangxi	53 366.00	2 823 357.00	122 872.00	31 474 967.00
山　东	Shandong	48 823.00	4 724 039.00	249 752.00	60 714 320.00
河　南	Henan	106 415.00	7 605 730.00	184 255.00	48 385 288.00
湖　北	Hubei	88 220.90	4 873 269.51	122 655.70	25 068 579.90
湖　南	Hunan	108 627.39	5 770 252.38	178 967.69	26 865 732.64
广　东	Guangdong	102 094.21	10 797 988.46	272 826.07	33 819 243.67
广　西	Guangxi	39 750.00	3 900 512.00	128 247.00	22 484 598.00
海　南	Hainan	9 920.00	753 612.00	10 879.00	761 123.00
重　庆	Chongqing	55 594.00	3 367 483.00	89 390.00	9 354 493.00
四　川	Sichuan	109 716.00	5 978 420.00	146 046.00	15 653 087.00
贵　州	Guizhou	82 199.00	4 430 979.00	82 237.00	8 732 315.00
云　南	Yunnan	41 208.00	3 199 939.00	109 487.00	11 730 551.00
西　藏	Tibet	889.49	237 416.92	1 905.72	944 962.35
陕　西	Shaanxi	61 093.00	2 908 032.00	113 363.00	19 258 259.00
甘　肃	Gansu	37 932.00	2 532 613.00	54 760.54	9 496 431.35
青　海	Qinghai	4 873.30	475 011.42	14 047.20	2 360 384.79
宁　夏	Ningxia	7 910.00	644 214.00	37 421.00	5 775 642.00
新　疆	Xinjiang	28 993.00	2 134 739.00	65 139.00	11 022 129.00

7-7　全国城市客运设施
National Urban Passenger Transport Facilities

地区	Region	公交专用车道长度（公里） Length of Bus Lanes (km)	轨道交通车站数（个） Rail Transit Station(unit)	换乘站数 Number of Transfer Station
全国总计	**National Total**	**9 777.8**	**2 468**	**254**
北　京	Beijing	851.0	345	54
天　津	Tianjin	65.0	105	7
河　北	Hebei	26.9	–	–
山　西	Shanxi	390.9	–	–
内蒙古	Inner Mongolia	188.8	–	–
辽　宁	Liaoning	811.5	99	2
吉　林	Jilin	194.2	119	1
黑龙江	Heilongjiang	76.8	18	–
上　海	Shanghai	325.0	367	54
江　苏	Jiangsu	1 035.1	264	9
浙　江	Zhejiang	804.7	95	14
安　徽	Anhui	149.8	23	–
福　建	Fujian	205.9	6	–
江　西	Jiangxi	62.2	24	–
山　东	Shandong	1 023.3	34	–
河　南	Henan	200.8	36	1
湖　北	Hubei	423.7	136	13
湖　南	Hunan	337.5	46	2
广　东	Guangdong	1 223.8	412	78
广　西	Guangxi	235.3	25	–
海　南	Hainan	25.0	–	–
重　庆	Chongqing	–	126	9
四　川	Sichuan	526.4	87	6
贵　州	Guizhou	33.1	–	–
云　南	Yunnan	96.1	35	1
西　藏	Tibet	–	–	–
陕　西	Shaanxi	261.5	66	3
甘　肃	Gansu	8.9	–	–
青　海	Qinghai	–	–	–
宁　夏	Ningxia	74.8	–	–
新　疆	Xinjiang	125.8	–	–

注：上海轨道交通车站数含江苏（昆山）境内 3 个，换乘站数 0 个。
Note: The number of Shanghai rail transit stations includes 3 stations and 0 transfer station in Jiangsu (Kunshan).

7-8 全国公共汽电车客运量
National Public Trolley Buses Traffic Volume

地区 Region		运营里程（万公里）Operating Length (10 000 kms)	客运量（万人次）Passenger Traffic (10 000 person-times)	
				BRT
全国总计	**National Total**	**3 583 218**	**7 453 529**	**176 514**
北 京	Beijing	133 630	369 019	5 224
天 津	Tianjin	47 503	149 935	–
河 北	Hebei	136 891	209 596	–
山 西	Shanxi	63 867	151 199	–
内蒙古	Inner Mongolia	76 439	136 933	–
辽 宁	Liaoning	135 650	394 314	1 700
吉 林	Jilin	76 512	172 093	–
黑龙江	Heilongjiang	131 581	266 009	–
上 海	Shanghai	103 963	239 112	–
江 苏	Jiangsu	249 004	464 564	17 568
浙 江	Zhejiang	225 835	380 455	7 286
安 徽	Anhui	114 043	224 882	7 104
福 建	Fujian	108 907	241 201	13 975
江 西	Jiangxi	74 832	128 619	–
山 东	Shandong	273 183	423 776	5 740
河 南	Henan	142 170	264 703	53 374
湖 北	Hubei	152 734	339 356	3 461
湖 南	Hunan	166 438	319 743	1 176
广 东	Guangdong	436 829	698 673	24 273
广 西	Guangxi	75 862	139 583	3 851
海 南	Hainan	25 512	48 240	–
重 庆	Chongqing	90 695	270 831	–
四 川	Sichuan	154 290	413 367	10 041
贵 州	Guizhou	52 928	182 464	–
云 南	Yunnan	90 909	174 679	–
西 藏	Tibet	3 373	9 177	–
陕 西	Shaanxi	93 197	252 910	–
甘 肃	Gansu	37 106	131 224	4 113
青 海	Qinghai	20 350	46 145	–
宁 夏	Ningxia	20 818	45 049	3 311
新 疆	Xinjiang	68 166	165 675	14 318

7-9　全国轨道交通运量
National Rail Transit Traffic Volume

地区	Region	运营里程（万列公里）Operation Length (10 000 Line-kms)	客运量（万人次）Passenger Traffic (10 000 person-times)	旅客周转量（万人公里）Turnover of Passenger Traffic (10 000 person-kms)
全国总计	**National Total**	**43 318**	**1 615 081**	**13 616 957**
北　京	Beijing	8 781	365 934	3 171 149
天　津	Tianjin	1 266	30 855	375 597
河　北	Hebei	–	–	–
山　西	Shanxi	–	–	–
内蒙古	Inner Mongolia	–	–	–
辽　宁	Liaoning	1 691	45 193	392 411
吉　林	Jilin	742	8 078	72 443
黑龙江	Heilongjiang	162	6 850	44 085
上　海	Shanghai	8 430	340 106	3 050 981
江　苏	Jiangsu	4 078	107 023	856 567
浙　江	Zhejiang	1 714	36 845	331 715
安　徽	Anhui	4	70	649
福　建	Fujian	53	179	860
江　西	Jiangxi	313	7 958	58 763
山　东	Shandong	122	1 121	5 200
河　南	Henan	371	12 376	100 601
湖　北	Hubei	1 895	71 659	543 866
湖　南	Hunan	517	16 033	107 836
广　东	Guangdong	7 914	388 964	2 982 241
广　西	Guangxi	42	642	3 768
海　南	Hainan	–	–	–
重　庆	Chongqing	2 327	69 343	652 405
四　川	Sichuan	1 553	56 217	468 990
贵　州	Guizhou	–	–	–
云　南	Yunnan	437	8 821	94 221
西　藏	Tibet	–	–	–
陕　西	Shaanxi	906	40 816	302 609
甘　肃	Gansu	–	–	–
青　海	Qinghai	–	–	–
宁　夏	Ningxia	–	–	–
新　疆	Xinjiang	–	–	–

注：上海轨道交通客运量含江苏（昆山）境内约 1713 万人次。

Note: Passenger traffic of Shanghai rail transit includes about 17.13 million passenger-times in Jiangsu (kunshan).

7-10 全国出租汽车运量
National Taxi Traffic Volume

地区	Region	载客车次总数（万车次）Total Number of Passenger Trips (10 000 vehicle-times)	运营里程（万公里）Operating Length (10 000 kms)	载客里程 Passenger Transportation Length	客运量（万人次）Passenger Traffic (10 000 person-times)
全国总计	**National Total**	**1 960 612**	**15 524 953**	**10 330 260**	**3 773 522**
北京	Beijing	33 946	509 973	304 966	47 665
天津	Tianjin	21 218	346 921	206 352	37 465
河北	Hebei	73 590	750 139	510 637	139 156
山西	Shanxi	54 750	386 728	252 699	103 126
内蒙古	Inner Mongolia	92 578	689 540	456 224	169 739
辽宁	Liaoning	141 229	1 168 951	779 876	280 047
吉林	Jilin	103 470	760 685	579 723	199 005
黑龙江	Heilongjiang	159 348	947 541	658 765	323 026
上海	Shanghai	47 911	578 651	361 826	86 240
江苏	Jiangsu	74 727	701 181	411 868	146 362
浙江	Zhejiang	64 372	568 453	361 057	116 193
安徽	Anhui	90 895	669 371	455 915	182 735
福建	Fujian	35 226	312 494	202 641	73 044
江西	Jiangxi	29 607	201 815	129 031	61 976
山东	Shandong	76 807	772 552	494 762	131 924
河南	Henan	89 465	671 463	474 008	162 123
湖北	Hubei	76 530	584 528	371 905	153 036
湖南	Hunan	80 885	491 913	336 196	164 268
广东	Guangdong	86 076	906 399	558 457	163 973
广西	Guangxi	20 827	188 856	124 435	39 556
海南	Hainan	7 593	94 418	67 691	17 081
重庆	Chongqing	49 119	375 595	244 699	99 886
四川	Sichuan	90 459	591 686	377 987	181 697
贵州	Guizhou	64 553	290 350	224 755	143 520
云南	Yunnan	42 724	241 980	159 808	88 604
西藏	Tibet	8 046	52 348	40 231	14 599
陕西	Shaanxi	63 672	460 982	318 299	120 838
甘肃	Gansu	47 126	344 935	247 846	85 438
青海	Qinghai	17 224	129 140	104 275	29 801
宁夏	Ningxia	23 628	154 694	104 520	43 171
新疆	Xinjiang	93 014	580 672	408 807	168 229